Schuldrecht, Besonderer Teil II

Die Gesetzlichen Schuldverhältnisse: §§ 823 ff., 812 ff., 677 ff. BGB

Von

Paul Michael Bremer

SIPOS-Verlag *Maecenatura Hungarica*
Boppard 2000

Herstellung: Libri Books on Demand
ISBN 3 - 9801889 - 3 - 0

Inhaltsübersicht

Inhaltsverzeichnis

§ 3 Das Bereicherungsrecht, §§ 812 ff. BGB 54

§ 1 Einführung zum Recht der Gesetzlichen Schuldverhältnisse

A) Der Begriff "Schuldverhältnis"

Im engeren Sinne wird unter Schuldverhältnis die <u>einzelne Rechtsbeziehung</u> verstanden, aufgrund der eine Person (= der Schuldner) gegenüber einer anderen Person (= dem Gläubiger) <u>verpflichtet</u> ist, eine konkrete Leistung zu erbringen.

In einem weiteren Sinne wird der Begriff des Schuldverhältnisses verwendet, um <u>die Gesamtheit der Rechte und Pflichten</u> zu bezeichnen, die sich aus einer Rechtsbeziehung zwischen mindestens zwei Personen, einem Gläubiger und einem Schuldner, ergeben.

B) Der gesetzliche Standort des Rechts der Schuldverhältnisse

Das „Recht der Schuldverhältnisse" ist gesetzlich im Zweiten Buch des BGB (= §§ 241 - 853 BGB) geregelt.

Anstelle der gesetzlichen Formulierung „Recht der Schuldverhältnisse" kann man einfacher von „Schuldrecht" sprechen.

Man unterscheidet dabei zwischen dem sogenannten „Allgemeinen Teil des Schuldrechts" (= §§ 241 - 432 BGB) und dem „Besonderen Teil des Schuldrechts" (= §§ 433 - 853 BGB).

Der <u>Allgemeine Teil des Schuldrechts</u> regelt seinem Namen entsprechend jene Rechtsfragen, die für sämtliche Schuldverhältnisse grundsätzlich gemeinsam gelten (beispielsweise Verzug, Unmöglichkeit, Rücktritt). Da es außer im eigentlichen Schuldrecht auch Schuldverhältnisse gibt, die mit anderen Gebieten des Privatrechts, wie dem Sachen- (bspw. §§ 985 ff. BGB) oder Erbrecht (bspw. § 2174 BGB), verknüpft und deshalb jeweils dort geregelt sind, gilt der allgemeine Teil

Einführung zum Recht der Gesetzlichen Schuldverhältnisse

des Schuldrechts auch für diese Schuldverhältnisse, soweit für sie keine Ausnahmen getroffen sind.

Der <u>Besondere Teil des Schuldrechts</u> regelt die wichtigsten einzelnen Schuldverhältnisse (bspw. Kauf-, Miet- und Werkvertrag, Schadensersatz aus unerlaubten Handlungen).

C) Die Unterscheidung zwischen vertraglichen und gesetzlichen Schuldverhältnissen

Schuldverhältnisse können auf zwei Weisen begründet werden: Aufgrund Rechtsgeschäftes und kraft Gesetzes.

Der Regelfall der Entstehung durch Rechtsgeschäft ist die Begründung durch Vertrag, wie § 305 BGB unterstreicht.

Entsprechend der unterschiedlichen Entstehungsart kann daher unterschieden werden zwischen vertraglichen und gesetzlichen Schuldverhältnissen.

Schuldverhältnisse

Gesetzliche Schuldverhältnisse	Vertragliche Schuldverhältnisse
- aus Unerlaubter Handlung, §§ 823 ff. BGB - aus Ungerechtfertigter Bereicherung, §§ 812 ff. BGB - aus Geschäftsführung ohne Auftrag, §§ 677 ff. BGB	Kaufvertrag, Tausch, Schenkung, Werkvertrag, Werklieferungsvertrag, Reisevertrag, Mäklervertrag, Dienstvertrag, Miet- und Pachtvertrag, Leihe, Darlehen, Bürgschaft, u. s. w.

Einführung zum Recht der Gesetzlichen Schuldverhältnisse

I.) Das Entstehen von Schuldverhältnissen durch Vertrag, § 305 BGB

Ein Vertrag ist ein Rechtsgeschäft, mittels dessen die Beteiligten im gegenseitigen Einverständnis eine für sie rechtlich bindende Regelung treffen.

Geht in einem Vertrag mindestens einer der Vertragspartner gegenüber dem anderen eine <u>Verpflichtung</u> ein, liegt ein Schuldvertrag vor.

Beispielsweise verpflichtet sich der Vermieter im Mietvertrag zur Überlassung einer Wohnung an den Mieter; der Verkäufer verpflichtet sich im Kaufvertrag zur Übereignung einer Sache an den Käufer.

II.) Das Entstehen von Schuldverhältnissen kraft Gesetzes

Das BGB enthält Tatbestände, deren Erfüllung automatisch zur Entstehung eines Schuldverhältnisses (= zu einer Leistungsverpflichtung) führt, ohne daß hierfür ein Vertrag geschlossen worden sein müßte.. Beispielsweise führt die fahrlässige Schädigung des Eigentums eines Dritten zu einer Schadensersatzpflicht des Schädigers. Im Gegensatz zu den vertraglichen Schuldverhältnissen kommt es folglich auf keine Absprache zwischen den Parteien an, sondern die Leistungsbeziehung entsteht kraft Gesetzes.

Solche gesetzlichen Schuldverhältnisse finden sich vom Schuldrecht über das Sachen- Familien- und Erbrecht in allen Gebieten des Privatrechts.

Die wichtigsten gesetzlichen Schuldverhältnisse im Rahmen des Besonderen Teiles des Schuldrechts sind

- die aus "Unerlaubter Handlung", §§ 823 ff. BGB (sie führen zu einer <u>Schadensersatzpflicht</u> bei rechtswidrigen Eingriffen in die Rechte anderer, z. B. bei Diebstahl oder Beschädigung von Eigentum),

4

Einführung zum Recht der Gesetzlichen Schuldverhältnisse

- die aus "Ungerechtfertigter Bereicherung", §§ 812 ff. BGB (sie führen zu einer Herausgabepflicht von Dingen, die ohne rechtliche Grundlage erlangt wurden, z. B. weil der Kaufvertrag nichtig war)

- sowie jene aus Geschäftsführung ohne Auftrag, §§ 677 ff. BGB (sie verpflichten zum Ersatz von Aufwendungen, wenn jemand fremde Interessen ohne Vertrag wahrnimmt, z. B. bei Lebensrettung).

D) Das Verhältnis von vertraglichen und gesetzlichen Schuldverhältnissen

Wie oben ausgeführt, entstehen beide Arten von Schuldverhältnissen auf völlig unterschiedlichen Wegen. Gleichwohl können aus demselben Sachverhalt zugleich vertragliche wie auch gesetzliche Schuldverhältnisse entstehen. Beispiel: Der Käufer beschädigt eine Sache des Verkäufers. Hier entstehen sowohl aus den vertraglichen Obhutspflichten als auch aus dem Gesichtspunkt der Unerlaubten Handlung Schadensersatzansprüche, die voneinander getrennt existieren (sogenannte Anspruchskonkurrenz). In diesem Fall kann der Verletzte sowohl die rechtlichen Vorteile der Vertragshaftung als auch die der gesetzlichen Haftung aus Unerlaubter Handlung für sich geltend machen. Die Vorteile der vertraglichen Haftung bestehen insbesondere in einer längeren Verjährung, in der Zurechnung von Handlungen eines Erfüllungsgehilfen gem. § 278 BGB, ohne daß ein Entlastungsbeweis i. S. d. § 831 BGB möglich wäre und in der weitergehenden Haftung für alle Vermögensschäden ohne die Beschränkung auf die in § 823 Abs. I BGB geschützten Rechtsgüter. Die Vorteile einer Haftung aus Unerlaubter Handlung liegen darin, daß der Verletzte Schmerzensgeld gem. § 847 BGB verlangen kann, daß eine Kapitalabfindung gem. § 843 BGB verlangt werden kann und daß auch mittelbar Geschädigte (z. B. Angehörige) Ersatzansprüche erhalten, vgl. §§ 844 - 846 BGB.

Einführung zum Recht der Gesetzlichen Schuldverhältnisse

Klausurtip:

Prüfe das Vorliegen von Anspruchsgrundlagen in der Reihenfolge

- *Vertragliche Anspruchsgrundlagen*
- *Vertragsähnliche Anspruchsgrundlagen, Geschäftsführung ohne Auftrag: §§ 677 ff. BGB*
- *Dingliche Anspruchsgrundlagen: §§ 985 ff., 861, 1007 BGB*
- *Deliktische Ansprüche: §§ 823 ff. BGB*
- *Ansprüche aus Ungerechtfertigter Bereicherung: §§ 812 ff. BGB*

§ 2 Das Recht der Unerlaubten Handlungen (= Deliktsrecht), §§ 823 ff. BGB

A) Das Ziel des Deliktsrechts

Das Recht der Unerlaubten Handlungen dient dem Schutz vor Eingriffen der allgemeinen, zwischen allen Personen der Rechtsgemeinschaft bestehenden Rechtsbeziehungen. Demnach ist für alle Tatbestände des Deliktsrechts das objektive Vorliegen eines Eingriffs in von der Rechtsgemeinschaft <u>allgemein</u> anerkannte Rechte bzw. Rechtsgüter kennzeichnend, z. B. Leben, Freiheit, Gesundheit, Eigentum.

Nicht geschützt werden folglich Rechte, die nur zwischen einzelnen Mitgliedern der Rechtsgemeinschaft aufgrund Vertragsverhältnissen gelten.

Neben den hier erläuterten deliktischen Tatbeständen des BGB existieren solche jedoch auch noch in einer Reihe von Sondergesetzen, insbesondere dem Haftpflichtgesetz, dem Straßenverkehrsgesetz, dem Luftverkehrsgesetz, sowie dem Wettbewerbs- und Urheberrecht. Diese Sondergesetze sind regelmäßig neben den deliktischen Tatbeständen des BGB anwendbar.

B) Der Grundtatbestand, § 823 Abs. I BGB

I.) Übersicht des Tatbestandsaufbaus von § 823 Abs. I BGB

Ein durchsetzbarer Anspruch aus § 823 Abs. I BGB setzt die Erfüllung folgender Tatbestandsmerkmale voraus:

1.   **Verletzung eines durch § 823 Abs. I BGB geschützten Rechtsgutes**
2.   **Verletzungshandlung durch Tun oder Unterlassen**
3.   **Kausalität zwischen Verletzungshandlung und Rechtsgutsverletzung**
4.   **Rechtswidrigkeit der Rechtsgutsverletzung**
5.   **Verschulden: §§ 276, 831 BGB**
6.   **Vorliegen eines Schadens**
7.   **Kausalität zwischen Rechtsgutsverletzung und Schadenseintritt**
8.   **Schadensersatzumfang: §§ 249, 842 - 847 BGB; eventuell Berücksichtigung von Mitverschulden gem. § 254 BGB**
9.   **Keine Verjährung, § 852 BGB (3 Jahre)**

II.) Die einzelnen Tatbestandsmerkmale des § 823 Abs. I BGB

a) Die Verletzung eines durch § 823 Abs. I BGB geschützten Rechtsgutes

§ 823 Abs. I BGB setzt eine Verletzung eines der von ihm geschützten Rechtsgüter voraus. Hierzu zählen:

1.) Das Leben

Eine Verletzung liegt in der Tötung.

2.) Der Körper

Körperverletzung = Jede Beeinträchtigung der äußeren körperlichen Integrität einschließlich einer bloßen Schmerzzufügung.

3.) Die Gesundheit

Gesundheitsverletzung = jede medizinisch erhebliche Beeinträchtigung der inneren körperlichen Integrität (hierunter fallen auch Schockschäden!).

4.) Die Freiheit

Der Schutz der Freiheit umfaßt sowohl Beeinträchtigungen der körperlichen Fortbewegungsfreiheit als auch der Freiheit, eine bestimmte Handlung vorzunehmen oder zu unterlassen.

5.) Das Eigentum

Das Eigentum ist die umfassende rechtliche Herrschaft über eine Sache, vgl. § 903 BGB. Eine Verletzung ist möglich durch

1. **Sachentzug** = Dauernde oder vorübergehende Entziehung der Sache ohne Einwilligung des Eigentümers, beispielsweise durch Diebstahl.

2. **Substanzverletzung** = Beschädigung oder Zerstörung der Sache

3. **Verhinderung der <u>bestimmungsgemäßen Nutzung</u>** einer Sache (nicht nur der allgemeinen wirtschaftlichen Nutzungsmöglichkeit einer Sache). Beispiel: In der Verhinderung des Auslaufens eines Schiffes aus einer Werft durch Beschädigung des Zufahrtskanals liegt eine Verletzung des Eigentums am Schiff.

4. **Eingriff in die rechtliche Sachherrschaft.** Beispiel: Ein Nichtberechtigter (z. B. Dieb) veräußert eine fremde Sache.

6.) Ein "sonstiges Recht"

Zu den von § 823 Abs. I BGB ausdrücklich geschützten "sonstigen Rechten" zählen nur <u>absolute Rechte</u> = Rechte, die gegenüber jedermann gelten (wie das Eigentum!). Das Gegenteil der absoluten Rechte sind vertragliche Rechte, da diese nur zwischen den gebundenen Vertragsparteien (= relativ) bestehen.

(a) Geschützte "sonstige Rechte"

Zu den absoluten Rechten und damit „sonstigen Rechten" zählen insbesondere

- **der berechtigte, unmittelbare Besitz** („da er eine dem Eigentum vergleichbare geschützte Position verschafft)

- **Herrschaftsrechte** = alle dinglichen Rechte (neben Eigentum und Besitz somit auch dingliche Pfandrechte, Hypothek, Grundschuld, dingliches Wegerecht u. s. w.),

- elterliches Sorgerecht, gewerbliche Schutzrechte (beispielsweise Patent-, Urheber-, Warenzeichen-, Musterschutzrechte).

- **Persönlichkeitsrechte** = Recht der persönlichen Ehre, Recht am eigenen Namen der Person oder der Firma, Recht am eigenen Bild, Recht am Geheimnis des nichtöffentlichen Briefes und Wortes, Recht an der ungestörten Privatsphäre.

- **das Recht am eingerichteten und ausgeübten Gewerbebetrieb**, vgl. unten Fall 4.

(b) Einschränkungen

§ 823 Abs. I BGB schützt nicht das Vermögen insgesamt, sondern nur eingeschränkt!

Das Vermögen besteht aus allen geldwerten Rechtspositionen. Dazu zählen

- die absoluten Rechte, die gegenüber jedermann gelten, aber auch
- relative Rechte = Rechte, die sich aus vertraglichen Beziehungen ergeben, z. B. Kaufpreisforderungen.

Der Schutz des § 823 Abs. I BGB bezieht sich aber nur auf die oben (unter „sonstigen Rechten") angeführten absoluten Rechtspositionen, nicht auf relative Rechte.

Das aus relativen Rechten bestehende übrige Vermögen ist durch § 823 Abs. I BGB nicht geschützt!

Beispiel: Nicht geschützt ist der Verfall des Kaufpreises für ein Grundstück durch Verpachtung des Nachbargrundstücks an einen Chemiekonzern.

Zur Beachtung: Bei den Tatbeständen der §§ 823 Abs. II, 826, 839 BGB ist im Gegensatz zu § 823 Abs. I BGB auch das übrige Vermögen aus relativen Rechten geschützt!

b) Die Verletzungshandlung

1.) Begriff

Die Verletzung der geschützten Rechtsgüter muß durch eine Verletzungshandlung herbeigeführt worden sein.

Eine Verletzungshandlung ist jede nachteilige Beeinträchtigung der aufgezählten Rechtsgüter.

Eine Handlung setzt ein bewußtes Tun voraus. Reflexbewegungen, Bewegungen in Bewußtlosigkeit oder durch Gewalteinwirkung Dritter erfolgte Bewegungen (beispielsweise, wenn eine Person durchs Fenster geworfen wird, oder wenn der Arm einer Person durch eine andere Person gewaltsam gegen einen Dritten geführt wird) zählen nicht hierzu.

2.) Unterlassen als Verletzungshandlung

Eine Verletzungshandlung kann in einem aktiven Tun oder einem Unterlassen bestehen. Damit das Unterlassen dem Tun gleichgestellt wird, muß allerdings eine Rechtspflicht zum Handeln gegenüber dem Geschädigten (=_**Garantenstellung**) bestanden haben.

Eine Garantenstellung kann entstehen aus der Rechtspflicht zur Abwendung einer der zu beschützenden Sache bzw. Person von außen drohenden Gefahr (= Beschützergarant) oder aus der Rechtspflicht zur Überwachung von Gefahren, die von einer zu überwachenden Sache bzw. Person selbst ausgehen (= Überwachungsgarant).

Die Rechtspflicht zum Handeln ergibt sich entsprechend der Art der Garantenstellung wie folgt:

(a) Beschützergarant <u>gegen eine Gefahr</u>

Die Stellung als Beschützergarant kann entstehen

- **aus Gesetz** , z. B. § 1353 BGB (Garantenstellung der Eheleute füreinander) oder § 1626 BGB (Garantenstellung der Eltern für ihre Kinder).

- **aus Vertrag**, z. B. bei der vertraglichen Verpflichtung einen Betrieb gegen Eindringlinge zu schützen.

- **aus „enger Gefahrengemeinschaft"** = wenn sich Personen im Vertrauen aufeinander einer Gefährdung aussetzen, z. B. bei Bergbesteigungen, Abenteuerurlaub u. s. w.

(b) Überwachergarant <u>über eine Gefahr bzw. über eine gefährdende Sache</u>

Die Stellung als Überwachergarant wird begründet

- **aus Vertrag**

- **aus der Sachherrschaft über gefährliche Sachen** (z. B. Kernkraftwerk, Gefahrguttransport).

- **aus Ingerenz** (Als Ingerenz wird ein vorausgegangenes, andere gefährdendes Tun bezeichnet; bspw. wenn ein Falschfahrer andere zum Ausweichen zwingt und diese einen Unfall erleiden, besteht für ihn die Rechtspflicht zur Hilfe).

- **aus allgemeinen Verkehrssicherungspflichten**, bspw.
  - Streupflicht
  - Sicherheitsvorkehrungen bei Sportfesten, Musikfestivals u. s. w.

Solche Pflichten bestehen immer dann, wenn ein aus der Sicht eines objektiven Dritten eine Sicherheitsvorkehrung als erforderlich und zumutbar angesehen wird!

c) Die Kausalität der Verletzungshandlung für die Rechtsgutsverletzung

1.) Der Begriff der haftungsbegründenden Kausalität

Die Rechtsgutsverletzung muß durch die Verletzungshandlung verursacht worden sein. Da nur bei Bestehen dieses Kausalzusammenhangs die Haftung aus § 823 BGB entsteht, spricht man von "<u>haftungsbegründender Kausalität</u>".

__Klausurtip:__ Die Frage nach der Kausalität der Verletzungshandlung ist nur aufzuwerfen, wenn hier wirklich ein Problem in der Klausur besteht. Ansonsten nie ansprechen! Merke: Beim Juristen gilt auch das Überflüssige als falsch!

2.) Die Prüfung der haftungsbegründenden Kausalität

Die haftungsbegründende Kausalität ist in drei Stufen festzustellen:

(a) 1. Stufe: Äquivalenztheorie

In einer ersten Stufe wird der Ursachenzusammenhang zwischen Verletzungshandlung und Rechtsgutsverletzung durch die sogenannten "Äquivalenztheorie" hergestellt.

Unter Äquivalenz versteht man die Gleichwertigkeit aller Ursachen.

__Kausal ist danach jedes Ereignis, das nicht hinweg gedacht werden kann, ohne daß der Erfolg entfiele__ (= condicio-sine-qua-non-Formel).

Nach dieser Formel sind alle Faktoren und Personen, selbst wenn sie nur im entferntesten Ursachenzusammenhang mit der Rechtsgutsverletzung stehen, gleichermaßen kausal für diese (und deshalb „gleichwertig"). Daher ist jeder Verursacher, der in irgendeiner Form eine Voraussetzung für den Eintritt der Rechtsgutsverletzung gesetzt hat, z. B. auch die Mutter des Täters: Denkt man die Geburt weg, entfällt auch die Tat!

__Beim Unterlassen__ muß umgekehrt gefragt werden, ob die Rechtsgutsverletzung mit an Sicherheit grenzender Wahrscheinlichkeit entfallen würde, wenn man die gebotene Handlung hinzudenkt!

Hat beispielsweise ein Bademeister einen Ertrinkenden übersehen, ist das Unterlassen des Eingreifens des Bademeisters dann kausal, wenn das Ertrinken mit an Sicherheit grenzender Wahrscheinlichkeit entfallen wäre, wenn der Bademeister seiner Rettungspflicht nachgekommen wäre.

(b) 2. Stufe: Adäquanztheorie (= 1. Korrektiv)

Da nach der Äquivalenztheorie unendlich viele Ursachen und Verursacher für eine Rechtsgutsverletzung in Frage kommen (wie beispielsweise auch die Mutter des Täters), bedarf es einer Einschränkung auf jene Ursachen, die im unmittelbaren Zusammenhang mit der Rechtsgutsverletzung stehen. Die Äquivalenztheorie wird daher durch die Adäquanztheorie korrigiert. In einem zweiten Prüfungsschritt werden mit ihrer Hilfe die Ursachen für die Haftung herausgefiltert, die unmittelbar für die Rechtsgutsverletzung verantwortlich sind:

<u>Adäquat kausal ist jedes Ereignis, das im allgemeinen und nicht nur bei einem völlig ungewöhnlichen Lauf der Dinge geeignet ist, die eingetretene Verletzung allein oder im Zusammenwirken mit weiteren Umständen herbeizuführen!</u>

Zu beurteilen ist dies aus der nachträglichen Perspektive eines objektiven Betrachters! (Hier wird die Mutter des Täters als Verursacherin ausgegliedert, da allein die Geburt des Täters im allgemeinen nicht geeignet ist, das spätere Schadensereignis herbeizuführen!)

(c) 3. Stufe: Risikoverteilung(= 2. Korrektiv)

Um den Kreis der aus § 823 BGB haftbaren Verursacher noch weiter einzuschränken, gelten Risiken bzw. Verletzungen, die aus der Sphäre des allgemeinen Lebensrisikos stammen, als niemandem zurechenbar. (Bspw. kann niemand dafür verantwortlich gemacht werden, daß man sich bei ihm mit einer Grippe angesteckt hat).

d) Die Rechtswidrigkeit

1.) Das Vorliegen der Rechtswidrigkeit

(a) Die Indizierung der Rechtswidrigkeit durch die Rechtsgutsverletzung

Bei der Feststellung der Rechtswidrigkeit gilt die "Lehre vom Erfolgsunrecht": Diese geht davon aus, daß eine Verletzung der von § 823 Abs. I BGB geschützten Rechtsgüter normalerweise immer zugleich eine rechtswidrige Tat darstellt. Man spricht daher davon, daß der Verletzungserfolg die Rechtswidrigkeit "indiziert" (= anzeigt).

__Klausurtip:__ Liegt kein Rechtfertigungsgrund vor, genügt es in der Klausur zum Thema Rechtswidrigkeit einfach festzustellen: "Der Verletzungserfolg indiziert die Rechtswidrigkeit."

(b) Ausnahmen von der Indizierung

Bei der <u>Verletzung von Persönlichkeitsrechten und dem Eingriff in den eingerichteten und ausgeübten Gewerbebetrieb</u> muß die Rechtswidrigkeit ausdrücklich festgestellt werden unter Abwägung der verletzten Rechte mit den Rechten des Schädigers. Überwiegen die Interessen des Verletzten, ist die Rechtswidrigkeit gegeben.
Beispiel: Eingriff in Persönlichkeitsrechte durch einen Zeitungsartikel: Hier ist Recht der Pressefreiheit des Journalisten gegen das Recht an der Privatsphäre des Betroffenen abzuwägen!
Beim <u>Unterlassen</u> muß ebenfalls ausdrücklich festgestellt werden, daß der Schädiger gegen eine Rechtspflicht zum Handeln (vgl. Garantenstellungen) verstoßen hat! Nur dann liegt auch eine Rechtswidrigkeit vor.

2.) Das Ausscheiden der Rechtswidrigkeit bei Rechtfertigungsgründen

Die Rechtswidrigkeit scheidet aus, wenn ein Rechtfertigungsgrund vorliegt.

(a) Die wichtigsten Rechtfertigungsgründe im Überblick

- **§ 227 BGB: Notwehr**
- **§ 228 BGB: Verteidigungsnotstand**
- **§§ 683, 677 BGB: Berechtigte GoA**
- **§ 904 BGB: Angriffsnotstand**
- **§ 229 BGB: Selbsthilferecht**
- **§ 906 BGB: Zulässige Immissionen**
- **Die ausdrückliche oder mutmaßliche Einwilligung des Rechtsgutsinhabers in die Rechtsgutsverletzung**

(b) Der Fall der ausdrücklichen oder mutmaßlichen Einwilligung

Eine Einwilligung ist nicht in die Verletzung jedes beliebigen Rechtsgutes möglich, sondern nur insoweit, wie diese Rechtsgüter <u>disponibel</u> sind.

Disponibel (= einer Verfügung zugänglich) sind nicht alle Rechtsgüter, sondern nur solche, über die

- ohne Gesetzesverstoß und
- ohne Verstoß gegen die guten Sitten verfügt werden darf.

Beispiel: Die Einwilligung in die eigene Tötung führt zur Strafbarkeit des Täters gem. § 216 StGB. Das eigene Leben ist daher kein disponibles Rechtsgut.

Die Einwilligung ist <u>keine</u> rechtsgeschäftliche Willenserklärung, sondern es kommt allein auf den tatsächlichen Willen an. Es genügt das Vorhandensein der notwendigen Urteils- und Einsichtsfähigkeit, so daß die Einwilligung auch von Minderjährigen vorgenommen werden kann, wenn sie die Tragweite der Erklärung erkennen können.

Die Einwilligung muß freiwillig erfolgen.

Von <u>mutmaßlicher Einwilligung</u> spricht man, wenn die Einwilligung, z. B. wegen Bewußtlosigkeit des Betroffenen, nicht eingeholt werden kann, aber objektiv seinen Interessen entspricht. Beispiel: Bei einem Schwerverletzten im Koma entspricht die lebensrettende Operation (= Körperverletzung) objektiv seinen Interessen. Stellt sich später heraus (z. B. nach Erwachen des Koma-Patienten), daß der Betroffene in Wirklichkeit nicht eingewilligt hätte, ist dies unschädlich.

(c) Sonderproblem: Ärztlicher Heileingriff

Auch der ärztliche Eingriff ist eine Gesundheits- bzw. Körperverletzung, die jedoch durch Einwilligung gerechtfertigt ist, wenn der Eingriff fachgerecht (lege artis) erfolgt und der Patient zuvor umfassend aufgeklärt wurde. Soweit der Patient Eingriffen ausgesetzt ist, die er nicht gekannt hat, bleiben diese rechtswidrig, selbst wenn kein Behandlungsfehler auftritt!

e) Das Verschulden

Die Verschuldensprüfung gliedert sich in zwei Gesichtspunkte.

1.) Die Verschuldensfähigkeit

Die Verschuldensfähigkeit beurteilt sich gem. § 276 Abs. I S. 3 i. V. m. §§ 827, 828 BGB.

2.) Der Verschuldensgrad

Beim Verschuldensgrad sind gem. § 276 BGB zu unterscheiden

- Vorsatz (= Wissen und Wollen des rechtswidrigen Erfolges) und

- Fahrlässigkeit. (Es gilt ein objektiver Sorgfaltsmaßstab: Fahrlässig handelt, wer diejenige Sorgfalt außer acht läßt, die, objektiv betrachtet, in der Situation geboten gewesen wäre.)

Grundsätzlich ist bei § 823 Abs. I BGB <u>jeder Grad von Verschulden</u>, vom Vorsatz bis zur ganz leichten Fahrlässigkeit) zu vertreten.

Der Verschuldensmaßstab kann jedoch eine Abänderung erfahren:

- Der Verschuldensmaßstab kann vertraglich gemindert oder ganz ausgeschlossen werden (Grenzen: § 11 Nrn. 7 - 11, § 9 AGBG, § 138 BGB).

- Umgekehrt kann der Verschuldensmaßstab vertraglich sogar auf rein zufällige Schäden erweitert sein (= Haftungsverschärfung!).

- Es können gesetzliche Milderungen eingreifen: § 1359 BGB bei Eheleuten, § 1664 BGB zwischen Eltern und Kindern (§ 277 BGB bleibt zu beachten!).

- Sonderproblem Sportunfälle: Erleidet jemand bei einem Fußballspiel eine Verletzung durch einen Gegner, geht man davon aus, daß bei regelgerechtem Verhalten den Mitspieler kein Verschulden trifft, da solche Verletzungen nicht vollständig vermeidbar sind, und jedem Mitspieler bekannt ist, daß es für ihn zu solchen Verletzungen kommen kann.

Zur Haftung für einen Verrichtungsgehilfen gem. § 831 BGB, vgl. unten!

f) Der Schaden

Voraussetzung für den § 823 BGB als Schadensersatzanspruch ist das Vorliegen eines Schadens. Dies wird nach der sogenannten "Differenzhypothese" ermittelt: Ein Schaden liegt vor, wenn der Wert des Vermögens des Betroffenen nach dem Verletzungsereignis geringer ist, als er ohne das Ereignis sein würde.

g) Die Kausalität zwischen Rechtsgutsverletzung und Schadenseintritt

Der Vermögensschaden muß durch die Rechtsgutsverletzung verursacht worden sein. Diese Kausalität bestimmt, für welche Schäden gehaftet werden muß. Sie wird daher auch als "haftungsausfüllende Kausalität" bezeichnet. Für die Bestimmung des Ursachenzusammenhanges gelten die gleichen Grundsätze wie für die haftungsbegründende Kausalität.

Klausurtip: *Auch dieser Punkt ist nur in den seltenen Fällen anzusprechen, in denen sich hier ein Problem ergibt!*

h) Der Schadensersatzumfang

Inhalt und Umfang des Schadensersatzes bemessen sich nach den Grundsätzen der §§ 249 ff. BGB, d. h. Schadensersatz ist grundsätzlich durch Wiederherstellung des ursprünglichen wirtschaftlichen Zustandes zu leisten (= Naturalrestitution). Bei Verletzungen einer Person oder Sache besteht gem. § 249 Satz 2 BGB die Ersetzungsbefugnis statt der Wiederherstellung den erforderlichen Geldbetrag zu fordern.

Im Deliktsrecht gelten jedoch noch die Sondervorschriften der §§ 842 - 847 BGB (denen jedoch im Verhältnis zu den §§ 249 ff. BGB vor allem nur klarstellende Funktion zukommt):

- **§ 842 BGB** stellt klar, daß neben dem Schadenersatz für die unmittelbaren Verletzungen an einer Person auch die mittelbaren Schäden, die durch den Ausfall der Arbeitsleistung "für den Erwerb und das Fortkommen des Verletzten" entstehen, zu ersetzen sind.

- **§ 843 BGB** regelt, daß im Fall der Verletzung von Körper oder Gesundheit eine Minderung der Erwerbsfähigkeit des Verletzten eintritt, Schadensersatz auch in Form einer Geldrente möglich ist.

- **§ 847 BGB** ist eine <u>eigenständige Anspruchsgrundlage</u>, die allerdings das Vorliegen eines Tatbestandes der unerlaubten Handlungen (= § 823 ff. BGB) voraussetzt! Sie bestimmt in Ausnahme zum Grundsatz des § 253 BGB (= Nichtvermögensschäden sind nicht in Geld zu ersetzen), daß dennoch Schmerzensgeld beansprucht werden kann. Das Schmerzensgeld hat Ausgleichs- und Genugtuungsfunktion!

Zu beachten ist stets, daß der Umfang des Schadensersatzanspruches gem. § 254 BGB durch ein Mitverschulden des Verletzten gemindert sein kann.

i) Verjährung

Die Verjährung aller Ansprüche aus unerlaubter Handlung tritt gem. § 852 BGB grundsätzlich nach drei Jahren ein. Die Verjährungsfrist beginnt, wenn der Schaden eingetreten ist und der Verletzte vom Schaden sowie der Person des Ersatzpflichtigen Kenntnis erhalten hat.

C) Ergänzungen des Grundtatbestandes

Das Grundmodell der Haftung aus Unerlaubter bzw. Deliktischer Handlung in § 823 Abs. I BGB wird in unterschiedlicher Hinsicht variiert, um den Schutzbereich des Deliktsrechts auszuweiten. Die wichtigsten Ergänzungstatbestände des BGB werden nachfolgend aufgeführt:

I.) Haftung bei der Verletzung von Schutzgesetzen, § 823 Abs. II BGB

a) Die Bedeutung des § 823 Abs. II BGB

§ 823 Abs. II BGB ist eine <u>eigenständige Anspruchsgrundlage</u> und ist in den Fällen von Bedeutung, in denen Schutzgüter verletzt werden, die nicht durch § 823 Abs. I BGB erfaßt werden. Hierzu zählt insbesondere der Fall eines reinen Vermögensschadens, den § 823 Abs. I BGB nicht deckt, der von § 823 Abs. II BGB jedoch erfaßt wird!

§ 823 Abs. II BGB knüpft dabei an die Verletzung gesetzlich vorgeschriebener Verhaltensweisen an, die zumindest auch dem Schutz des einzelnen dienen sollen (= sogenannte Schutzgesetze).

b) Die Tatbestandsvoraussetzungen des § 823 Abs. II BGB

Es müssen grundsätzlich die gleichen Voraussetzungen wie bei § 823 Abs. I BGB gegeben sein - insoweit gilt das dort Ausgeführte - nur daß, anstelle der Verletzung eines Rechtsgutes, die Verletzung eines "den Schutz eines anderen bezweckendes Gesetz" (= Schutzgesetz) vorliegen muß:

1. **Verletzung eines Schutzgesetzes (dessen Tatbestandsmerkmale müssen alle erfüllt sein)**
2. **Verletzungshandlung durch Tun oder Unterlassen**

3. **Kausalität zwischen Verletzungshandlung und Verletzung des Schutzgesetzes**

4. **Rechtswidrigkeit der Verletzung des Schutzgesetzes**

5. **Verschulden: §§ 276, 831 BGB. Beachten: § 823 Abs. II Satz 2 BGB!**

6. **Vorliegen eines Schadens**

7. **Kausalität zwischen Verletzung des Schutzgesetzes und Schadenseintritt**

8. **Schadensersatzumfang: §§ 249, 842 - 847 BGB; eventuell Berücksichtigung von Mitverschulden gem. § 254 BGB.**

9. **Keine Verjährung, § 852 BGB (3 Jahre)**

c) Der Begriff des Schutzgesetzes

Ein Schutzgesetz liegt vor bei jeder Rechtsnorm, die ihrem Sinn und Zweck nach (unabhängig von ihrer Wirkung) zumindest auch den Schutz eines einzelnen oder bestimmter Personenkreise bezweckt (und nicht nur den Schutz der Allgemeinheit).

Beispiel: Die Gefahrgutverordnung für Straßen dient nicht nur dem Schutz der Allgemeinheit, sondern auch dem Schutz des einzelnen Verkehrsteilnehmers. Sie gilt daher als Schutzgesetz. Anders ist es hingegen bei § 267 StGB (Urkundenfälschung): Die Strafvorschrift dient nicht dem Schutz des einzelnen, sondern allein der Sicherheit des Rechtsverkehrs allgemein. Auf die gleichzeitig vorhandene Schutzwirkung für das Vermögen des einzelnen kommt es nicht an, da allein der Zweck des Gesetzes und nicht seine Wirkung für die Einstufung als Schutzgesetz ausschlaggebend ist. § 267 StGB ist folglich kein Schutzgesetz.

__Klausurtip:__ Im Regelfall genügt es, die folgenden Standardschutzgesetze zu kennen. Die Frage, ob diese Gesetze Schutzgestze sind, erübrigt sich; vielmehr kann diese Tatsache vorausgesetzt werden.

d) Die wichtigsten Schutzgesetze

- die §§ der Straßenverkehrsordnung, soweit sie auch dem Schutz anderer Verkehrsteilnehmer dienen.
- §§ 185 ff. StGB (Persönlichkeitsschutz)
- § 223 StGB (vorsätzliche Körperverletzung)
- § 230 StGB (fahrlässige Körperverletzung)
- § 242 StGB (Diebstahl)
- § 263 StGB (Betrug)
- § 315 b StGB (Gefährliche Eingriffe in den Straßenverkehr)
- § 858 BGB (verbotene Eigenmacht)

Eine Verletzung dieser Schutzgesetze liegt nur vor, wenn deren gesamter Tatbestand erfüllt ist!

e) Beispielsfälle zu den Tatbeständen des § 823 Abs. I und II BGB

__Klausurtip:__ Die Fallösung ist bei der Aufgabenstellung "Hat X einen Anspruch gegen Y auf Z?" stets mit der Klarstellung der Fragen "Wer?" will "Von Wem?" "Was?" und "Woraus?" (= Anspruchsgrundlage) zu beginnen: "Fraglich ist, ob A gegen B einen Anspruch auf Schadensersatz hat. Als Anspruchsgrundlage für diesen Anspruch kommt § 823 Abs. I BGB in Betracht".

Anschließend sind die einzelnen Tatbestandsmerkmale des § 823 Abs. I BGB abzuprüfen: "§ 823 Abs. I setzt voraus, daß ..."

Vorsicht: Ganz offensichtlich gegebene Tatbestandsmerkmale können einfach als bestehend bestätigt oder mit kurzer Erklärung festgestellt werden! Vertiefungen werden nur an den problematischen Stellen verlangt!

Als Abschluß einer Prüfung muß stets die Fallfrage beantwortet werden: "Folglich hat A gegen B einen Anspruch auf Schadensersatz in Höhe von x DM gem. § 823 Abs. I BGB."

1.) Fall 1: Rechtsgüter, Handlungsbegriff, Schadensersatzumfang, Schmerzensgeld gem. § 847 BGB

(a) Sachverhalt

Rocker Richi brettert mit seiner blonden Freundin Helga auf seiner Yamaha durch die Stadt. Als er an einer Kreuzung halten muß, meint er, daß der Passant Heinrich Glotz Helga zu tief in den Ausschnitt schaut. Kurzerhand schnappt sich Richi den "Studentenkopp" und wirft ihn gegen die Wand des Kebab-Stübchens „Istanbul". Darin war gerade der ahnungslose Angestellte Yussuf dabei, neues Brot mit einem Messer aufzuschneiden, als Heinrich Glotz durch die Wand bricht.

Yussuf zieht sich schwere Schnittwunden an der Hand zu und kann mehrere Wochen nicht arbeiten.

Heinrich Glotz muß für drei Wochen in die Klinik und verpaßt sein Abschlußexamen.

Hat Heinrich Glotz Schadensersatzansprüche gegen Richi?

Hat Yussuf Ansprüche gegen Richi oder Heinrich Glotz?

(b) Lösungsskizze

Ansprüche Glotz gegen Richi:

Ansprüche gem. § 823 Abs. I BGB

Fraglich ist, ob Glotz gegen Richi einen Anspruch auf Schadensersatz hat.
Als Anspruchsgrundlage kommt § 823 Abs. I BGB in Betracht.
Richi hat Körper und Gesundheit des Glotz verletzt. Der Verletzungserfolg indiziert hierbei die Rechtswidrigkeit. Richi hat zudem vorsätzlich und somit gem. § 276 Abs. I Satz 1 BGB schuldhaft gehandelt.
An Schäden sind die Krankenhauskosten des Glotz eingetreten, die gem. § 249 BGB zu ersetzen sind. Soweit Glotz Vermögenseinbußen durch das verpaßte Examen und einen damit verbundenen verzögerten Eintritt in das Berufsleben erleidet, sind auch diese zu ersetzen. Dies ergibt sich bereits aus § 249 BGB, ist aber für den Bereich der unerlaubten Handlungen durch

§ 842 BGB nochmals ausdrücklich klargestellt. Verbleiben dauerhafte erwerbsmindernde Gesundheitsschäden des Glotz, erhält er gem. § 843 BGB sogar Anspruch auf eine entsprechende Geldrente.

In Ausnahme zu §§ 249, 253 BGB gewährt das Recht der unerlaubten Handlungen gem. § 847 BGB dem Geschädigten einen Anspruch auf Ersatz seiner immateriellen Schäden in Form eines Schmerzensgeldes.

Zur Beachtung: Einkommensausfälle sind als Vermögensschäden bereits nach § 249 BGB zu ersetzen. § 842 BGB hat hierbei nur eine klarstellende Funktion! § 847 BGB ist eine eigenständige Anspruchsgrundlage, die allerdings das Vorliegen eines Tatbestandes der unerlaubten Handlungen (= § 823 ff. BGB) voraussetzt!

Ansprüche gem. § 823 Abs. II BGB

Daneben hat Glotz noch einen Schadensersatzanspruch gem. § 823 Abs. II BGB i. V. m. § 223 StGB aus vorsätzlicher Körperverletzung! Der Schadensersatzumfang entspricht dem bei § 823 Abs. I BGB.

Ansprüche Yussuf gegen Richi:

Yussuf könnte gegen Richi einen Schadensersatzanspruch gem. § 823 Abs. I BGB besitzen. Yussuf wurde an Körper und Gesundheit verletzt. Diese Verletzungen wurden durch den Wurf des Richi mit Glotz verursacht.   Der Verletzungserfolg indiziert die Rechtswidrigkeit der Handlung. Auch wenn Richi den Yussuf nicht vorsätzlich verletzen wollte, so hat er die Verletzung doch gem. § 276 als fahrlässiges Handeln zu vertreten, denn bei gehöriger Sorgfalt hätte Richi zu einen auffallen müssen, daß der Kiosk nur Holzwände besitzt, die durchbrochen werden können, und zum anderen, daß hierdurch eine im Kiosk befindliche Person verletzt werden könnte.

Gem. § 249 BGB umfaßt der Schadensersatzanspruch des Yussuf dessen Heilungskosten und den Einkommensausfall, was § 842 BGB für das Recht der unerlaubten Handlungen nochmals klarstellt.

Daneben kann Yussuf seine Schadensersatzansprüche aufgrund der fahrlässigen Körperverletzung auch auf § 823 Abs. II BGB i. V. m. § 230 StGB (fahrlässige Körperverletzung) stützen.

Ansprüche Yussuf gegen Glotz:

Als Anspruchsgrundlage kommt § 823 Abs. I bzw. § 823 Abs. II BGB i. V. m. § 230 StGB in Betracht. Beide greifen jedoch nicht ein, da es an einer Handlung (= bewußtes Tun oder Garantenstellung) des Glotz fehlt.

2.) Fall 2: Rechtfertigungsgründe

(a) Sachverhalt

Dealer Harry hält sich zwei ausgewachsene Doggen, die er täglich ausführt. Als Richi zufällig mit seiner Maschine neben Harry anhält und absteigt, kann Harry die Hunde nicht mehr halten, die zähneflätschend auf Richi zustürmen. Um sich zu wehren, bleibt Richi nur der Ausweg, sich eine Latte aus dem Zaun von Kleingärtner Zwerg zu brechen und die Hunde tierarztreif zu prügeln.
Bestehen Schadensersatzansprüche des Harry und des Zwerg gegen Richi?

(b) Lösungsskizze

Ansprüche des Harry gegen Richi:

Harry könnte gegen Richi einen Anspruch auf Ersatz der Tierarztkosten aus § 823 Abs. I BGB haben. Richi hat das Eigentum des Harry durch Verletzung der beiden Tiere beeinträchtigt. Tiere sind zwar Lebewesen, in ihrer rechtlichen Behandlung den Sachen allerdings gem. § 90 a BGB gleichgestellt, so daß ein Eigentumsrecht des Harry an den Tieren bestehen kann.

Die Verletzung der Hunde war jedoch nicht rechtswidrig. Gem. § 228 BGB hat Richi nicht widerrechtlich gehandelt, da er die Hunde nur deshalb verletzt hat, um die von diesen für ihn selber ausgehende Gefahr für seine Gesundheit abzuwenden. Die Verletzung der Tiere war auch erforderlich, da keine mildere Abwehrmethode gegen die Hunde erkennbar ist. Da das Interesse an der Erhaltung der Gesundheit des Richi höher einzustufen ist als die Unversehrtheit der Hunde, steht der Schaden nicht außer Verhältnis zur Gefahr.

Es besteht demnach kein Schadensersatzanspruch für Harry aus § 823 Abs. I BGB.

Auch ein eventueller Anspruch aus § 823 Abs. II BGB i. V. m. § 303 StGB scheidet jedenfalls wegen der Rechtfertigung aus.

Ansprüche des Zwerg gegen Richi:

Fraglich ist, ob Zwerg gegen Richi einen Anspruch auf Schadensersatz gem. § 823 Abs. I BGB wegen Verletzung seines Eigentumsrechts am Zaun in Form einer Substanzverletzung geltend machen kann. Diese Eigentumsbeschädigung ist aber gem. § 904 BGB gerechtfertigt, da die Beschädigung durch das Herausbrechen einer Latte notwendig war, um die für Richi drohende Gefahr durch die Hunde abzuwenden. Der dem Richi an seiner Gesundheit drohende Schaden ist offensichtlich höher, als der Schaden, der am Zaun des Zwerg entstanden ist.

(Dem Zwerg entsteht aber ein Anspruch gegen Richi aus § 904 Satz 2 BGB zu. Wegen dieses Anspruches kann Richi wiederum Rückgriff auf Harry nehmen aus §§ 677 ff. und §§ 812 ff. BGB).

3.) Fall 3: Mitverschulden

(a) Sachverhalt

Richi ist mal wieder unterwegs zum Harley-Treff. Als er gerade mit 150 km/h über eine Kreuzung in der Innenstadt donnert, kommt Rollschuh-Fan Fritze Flink aus einer Seitenstraße, für die die Ampel allerdings Rot gezeigt hatte. Flink hatte es aber eilig und sauste trotzdem über die Ampel. Beim Zusammenstoß mit Richi schleudert Fritze in einen geparkten Trabbi und bricht sich die Beine.

Hat Fritze Ersatzansprüche?

(b) Lösungsskizze

Fritze könnte gegen Richi ein Schadensersatzanpsruch gem. § 823 Abs. I BGB zukommen. Fritze wurde durch den Zusammenstoß mit Richi an Körper und Gesundheit verletzt. Die Rechtsgutverletzungen indizieren die Rechtswidrigkeit. Die Rechtsgutverletzung erfolgte zudem schuldhaft: Richi hat aufgrund der weit überhöhten Fahrgeschwindigkeit gem. § 276 Abs. I BGB grob fahrlässig gehandelt, da er die im Stadtverkehr erforderliche Sorgfalt, andere Verkehrsteilnehmer nicht unnötig zu gefährden, außer acht gelassen hat. Somit steht Fritze dem Grunde nach ein Anspruch auf Ersatz seiner Unfallschäden zu. Fraglich ist jedoch, ob der Anspruch auch in voller Höhe gegeben ist.

Der Schadensersatzumfang ist gem. § 254 Abs. I BGB zu kürzen, da Fritze durch sein eigenes fahrlässiges Fahrverhalten erheblich zur Verursachung des Unfallschadens beigetragen hat.

4.) Fall 4: "Sonstige Rechte": Das Recht am eingerichteten und ausgeübten Gewerbebetrieb

(a) Sachverhalt

Hobbyarchäologe Heinrich Schielmann ist auf der Suche nach dem Schatz der Nibelungen. Nach seinen Erkundungen muß sich der Schatz nahe des Rheins auf einem Feld befinden. Der Acker gehört zum landwirtschaftlichen Betrieb des Bauern Tronje. Ausgerechnet im Zeitpunkt der Schatzsuche des Schielmann hat Tronje den Betrieb einer Hähnchenmast mit Brutanlage aufgenommen, um zu versuchen, mit dem Export hochwertigen Geflügels auf französischen Märkten neue Gewinnmöglichkeiten zu eröffnen. Sichere Abnehmer hat Tronje aber noch nicht.

Als Schielmann nachts auf Schatzsuche geht, stößt er nach zwei Metern Grabungsarbeiten mit seinem Spaten plötzlich auf einen länglichen orangenen Gegenstand. Statt den Gegenstand zu überprüfen, sieht sich Schielmann am Ziel seiner Träume und sticht nochmals kräftig mit dem Spaten zu, um seine Entdeckung freizulegen. Statt auf den Schatz, stößt Schielmann allerdings in die Hauptstromleitung der Stadtwerke zum nahegelegenen Hof des Tronje. Die Leitung ist daraufhin zerstört.

Während der einwöchigen Reparatur verderben die angebrüteten Eier des Bauern Tronje im Wert von 20 000 DM.

Außerdem hätte Tronje, wenn ihm die Aufzucht und der Verkauf der Hähnchen gelungen wäre, einen Gewinn von weiteren 30 000 DM erlangen können.

Welche Schadensersatzansprüchen hat Tronje gegen Schielmann?

(b) Lösungsskizze

Anspruch des Tronje gem. § 823 Abs. I BGB:

Tronje könnte gegen Schielmann ein Anspruch auf Schadensersatz gem. § 823 Abs. I BGB zustehen.

Es kam zu einem Eingriff in das Eigentum an den Eiern in der Brutanlage, da diese verdorben und damit in ihrer Substanz zerstört sind.

Der Eingriff wurde durch den Spatenstich des Schielmann verursacht, da hierdurch die für die Brutanlage erforderliche Elektrizitätszufuhr unterbrochen wurde.

Die Verletzung des Eigentums indiziert die Rechtswidrigkeit.

Schielmann handelte auch fahrlässig i. S. d. § 276 Abs. I BGB: Bei objektiver Betrachtung hätte eine sorgfältige Person bei Grabungsarbeiten damit gerechnet, daß sie auf öffentliche Versorgungsleitungen stoßen kann und wäre, nachdem sie auf Widerstand stößt, entsprechend vorsichtig vorgegangen.

Der Schaden am Eigentum des Tronje besteht zum einen aus 20 000 DM Eierwert.

Zweifelhaft ist jedoch, ob Tronje auch seinen Verkaufsausfall als Schaden ersetzt erhält.

Das Problem des Ausfallschadens:

- *Denkbar wäre, daß Gewinn- oder Umsatzerwartungen zum Eigentum gehören und daher zu ersetzen sind. Dies ist allerdings nicht der Fall, da das Eigentum die Gesamtheit der tatsächlichen und rechtlichen Handlungsherrschaft über eine Sache ist. Die Existenz von Gewinn- oder Umsatzerwartungen ist allerdings in ihrem Bestand im Gegensatz zu den Herrschaftsrechten über die Sache von den jeweiligen Marktumständen abhängig und keineswegs sicher. Sie gehören somit nicht zum Eigentum. Die Gewinn- bzw. Umsatzerwartungen zählen statt dessen nur zum relativen Vermögen, das vom Schutzbereich des § 823 Abs. I BGB grundsätzlich nicht erfaßt wird!*

- *Ein Ersatz könnte vielleicht gem. § 823 Abs. I i. V. m. § 252 BGB zu leisten sein: Der entgangene Gewinn gehört gem. § 252 BGB allerdings nur dann zum Schadensersatz, wenn seine Erlangung unter normalen Umständen wahrscheinlich war, d. h. der Verkauf der Hähnchen hätte bei gewöhnlichem Lauf der Dinge feststehen müssen. Hier war der Verkauf jedoch keineswegs sicher. Reine Erwartungen oder Chancen von Gewinn und Umsatz sind daher auch nicht im Wege des „entgangenen" Gewinns ersetzbar, da gerade nicht feststeht, ob hieraus tatsächlich ein Gewinn entgangen ist.*

- *Als eventueller Ausweg ist denkbar, daß Gewinnerwartungen als zum Gewerbebetrieb gehörig anzusehen sind. Das Recht am eingerichteten und ausgeübten Gewerbebetrieb wird als "sonstiges Recht" i. S. d. § 823 Abs. I BGB geschützt. Fraglich ist folglich, ob die Gewinnerwartungen in den Schutzbereich des Rechtes am eingerichteten und ausgeübten Gewerbebetrieb fallen.*

Der Schutzbereich des Rechtes am eingerichteten und ausgeübten Gewerbebetrieb:

Das Recht am eingerichteten und ausgeübten Gewerbebetrieb gehört zu den absoluten Rechten. Daher kann der Betrieb nicht in den Positionen geschützt sein, die relativ sind, d. h. die von den jeweiligen äußeren Marktbedingungen abhängen. Da in der freien Marktwirtschaft Kunden-,

Umsatz- und Verdienstmöglichkeiten laufend im Markt behauptet werden müssen, können solche Vermögenspositionen nicht in den Schutzbereich gehören.

Geschützt ist der eingerichtete und ausgeübte Gewerbebetrieb daher nur gegen sogenannten "unmittelbare betriebsbezogene Eingriffe".

Unmittelbar betriebsbezogen ist ein Eingriff, wenn er sich gegen den Betrieb als solchen wendet, d. h. spezifisch in den betrieblichen Organismus oder die unternehmerische Entscheidungsfreiheit eingreift.

Nicht ausreichend ist der Eingriff in vom Gewerbebetrieb ablösbare Rechte, ohne die der Betrieb in seinem Wesen weiterbestehen könnte.

Ebensowenig genügen mittelbare Eingriffe, die durch ein außerhalb der betrieblichen Sphäre eingetretenes Schadensereignis entstehen.

Auf den Fall bezogen bedeutet dies:

Schielmann trifft mit seinem Spatenstich eine Stromleitung. Diese stellt zwar die Energieversorgung sicher, gehört aber nicht zum Wesen eines Brutbetriebes, sondern vielmehr zum Elektrizitätswerk.

Demnach ist das Recht am ausgeübten und eingerichteten Gewerbebetrieb nicht verletzt!

Klausurtip: Zugegebenermaßen ist die Argumentation angreifbar. Das Problem des Rechtes am eingerichteten und ausgeübten Gewerbebetrieb ist daher in Rechtsprechung und Literatur hoch umstritten. In der juristischen Klausur kommt es in solchen Fällen aber nicht darauf an, eine bestimmte Lösung zu erhalten, sondern darauf zu zeigen, daß man die Problemstellung kennt und in der Lage ist, vernünftig zu ihr zu argumentieren; das Ergebnis ist dann zweitrangig.

Aufgrund der Schwierigkeiten in der Argumentation ist es zudem anerkannt, daß Schadensersatzansprüche aus dem Recht am eingerichteten und ausgeübten Gewerbebetrieb nur subsidiär anzuwenden sind, wenn überhaupt kein anderes von § 823 Abs. I BGB geschütztes Rechtsgut verletzt ist!

Zur Beachtung: Bei Persönlichkeitsrechten und dem Eingriff in den eingerichteten und ausgeübten Gewerbebetrieb gilt die Rechtswidrigkeit nicht als indiziert, sondern muß unter Abwägung der Interessenlage ausdrücklich festgestellt werden!

Anerkannte Fallgruppen der Verletzung des Rechtes am eingerichteten und ausgeübten Gewerbebetrieb:

- Unberechtigte Abmahnungen
- Boykott von Geschäften
- Betriebsblockaden
- Rechtswidriger Streik

II.) Schutz vor Sittenwidriger Schädigung, § 826 BGB

§ 826 dient als <u>Auffangtatbestand</u> zum Schutz all jener Rechtsinteressen, die durch das übrige Deliktsrecht keinen ausdrücklichen Schutz erhalten.

a) Voraussetzungen des Tatbestandes des § 826 BGB

§ 826 BGB setzt voraus:

1. **Eintritt eines Schadens**
2. **Zufügungshandlung**
3. **Kausalität zwischen Zufügungshandlung und Schaden**
4. **Sittenwidrigkeit der Handlung (Nicht jede Schadenszufügung ist zugleich sittenwidrig. Vielmehr müssen Umstände hinzutreten, die die Handlung als „das allgemeine Anstandsgefühl" verletzend erscheinen lassen!)**
5. **Vorsatz bzgl. der Schädigung (Fahrlässigkeit genügt nicht!)**
6. **Kenntnis der sittenwidrigen Umstände (Der Täter muß sich nicht der Sittenwidrigkeit seines Handelns bewußt sein. Es genügt, daß er die Umstände, die sein Handeln als sittenwidrig erscheinen lassen, kennt)**

7. Art/Umfang des Schadens, §§ 249 ff. BGB; eventuell Mitverschulden gem. § 254 BGB

8. Keine Verjährung gem. § 852 BGB

b) Die wichtigsten Fallgruppen der Anwendung des § 826 BGB

- § 826 BGB ist der **Auffangstatbestand für verfristete Fälle der Anfechtung** wegen Täuschung oder Drohung aus § 123 BGB: Gem. § 124 Abs. I, II BGB umfaßt die Anfechtungsfrist nur ein Jahr nach Entdeckung der Täuschung bzw. Beendigung der Zwangslage. Ein unter Täuschung oder Drohung abgeschlossenes Rechtsgeschäft ist aber zugleich sittenwidrig, so daß auch § 826 BGB mit der längeren Verjährungsfrist des § 852 BGB (3 Jahre!) eingreift. Es ist demnach Schadensersatz gem. § 826 i. V. m. § 249 BGB zu leisten. Gem. § 249 BGB umfaßt der Schadensersatz grundsätzlich die Wiederherstellung des ursprünglichen Zustandes (= Naturalrestitution). Da der Getäuschte den Vertrag regelmäßig nicht unterschrieben hätte bei Kenntnis der Sachlage, ist dieser vertragslose Zustand im Rahmen des Schadensersatzes wieder herzustellen. Es besteht daher ein Anspruch auf Vertragsauflösung. § 826 BGB eröffnet zudem die Möglichkeit, den Vertrag grundsätzlich bestehen zu lassen und nur Ersatz für die aus dem Vertrag entstandenen Schäden zu verlangen.

- § 826 BGB greift ein bei **falschen Auskünften**, die der Auskunftsgeber bewußt erteilt, um dem Auskunftssuchenden einen Schaden zufügen zu können; beispielsweise falsche Informationen des Gläubigers an den zukünftigen Bürgen über den Hauptschuldner.

- § 826 BGB schützt auch vor **Urteilsmißbrauch in der Zwangsvollstreckung**. Die Sittenwidrigkeit kann liegen im
  - Erschleichen eines unrichtigen Titels (Titel = vollstreckbares Urteil)
  - Ausnutzen eines später als unrichtig erkannten Titels.

In diesen Fällen geht der Schadensersatzanspruch auf Unterlassung der Zwangsvollstreckung aus dem Titel und auf Herausgabe des Titels.

- § 826 BGB erfaßt **Vertragsbrüche**, soweit sie mit einem besonders unsittlichem Umstand behaftet sind (Zur Beachtung: Nicht jeder Vertragsbruch führt zugleich zur Sittenwidrigkeit!).

Wichtigstes Beispiel: Mitwirkung Dritter bei Vertragsbrüchen

Eisenwarenhandel Hart möchte einen Posten Schienen loswerden. Als der Interessent Weich die Hälfte der Schienen aufkaufen möchte, willigt Hart sofort ein. Weich kann die Schienen aber erst am nächsten Tag abholen. In der Zwischenzeit taucht der Aufkäufer Ramsch auf, der dringend Gleise sucht und daher alle Schienen zu einem höheren Preis erwerben und sofort abtransportieren möchte. Um Hart von eventuellen Schadensersatzforderungen des Weich freizustellen, vereinbaren Ramsch und Hart, daß Ramsch auch deren Bezahlung übernimmt.

Hierbei ist die Sittenwidrigkeit nicht bereits mit dem Vertragsbruch des Hart gegeben. Vielmehr müssen besondere Umstände hinzutreten, die der vertraglichen Untreue die <u>sittenwidrige Prägung</u> geben. Diese wird darin gesehen, daß <u>der Dritte aktiv am Vertragsbruch des Hart gegenüber Weich mitwirkt.</u>

III.) Selbständige Ersatzansprüche mittelbar Geschädigter, §§ 844 - 846 BGB

a) Die Bedeutung der §§ 844 - 846 BGB

Als mittelbar Geschädigter wird eine Person bezeichnet, die nicht selbst das Ziel der unerlaubten Handlung war, die jedoch durch die Verletzung der Rechtsgüter des unmittelbar Geschädigten ebenfalls eine Einbuße in ihren Vermögenspositionen erlitten hat. Beispiel: Die Tötung einer Person löst für deren Angehörige Kosten für die Beisetzung aus.

Seiner Grundkonzeption nach gewährt das Recht der Unerlaubten Handlungen jedoch nur dem unmittelbar Geschädigten Ersatzansprüche.

In drei konkreten Ausnahmefällen sind jedoch auch <u>selbständige Ansprüche</u> der jeweils nur mittelbar Geschädigten vorgesehen:

- **Ersatz der Beerdigungskosten** gem. § 844 Abs. I BGB

- **Ersatz für entzogenen Unterhalt** gem. § 844 Abs. II BGB. (Z. B. entsteht beim Tod des Familienvaters ein Ersatzanspruch für seine Frau und Kinder, denen infolge der Tötung der Unterhaltsanspruch gegenüber dem Ehemann und Vater (vgl. §§ 1360 und 1601 ff. BGB) verlorengegangen ist.)

- **Ersatz für entgangene gesetzliche Dienstleistungspflichten** gem. § 845 BGB. (Z. B. sind Kinder gesetzlich gem. § 1619 BGB zur Mithilfe in Geschäft und Haushalt der Eltern verpflichtet. Der Wegfall dieser Dienste kann bei Tötung des Kindes von den Eltern gegenüber dem Schädiger geltend gemacht werden. § 845 BGB hat keine Geltung im Bereich vertraglich eingegangener Dienstpflichten!)

Diese selbständigen Ansprüche des mittelbar Geschädigten dürfen nicht verwechselt werden mit solchen Ansprüchen, die im Wege der Erbfolge von dem Getöteten auf (mittelbar geschädigte) Familienmitglieder übergehen können. Hierbei handelt es sich weiterhin um die Ansprüche des unmittelbar Geschädigten bspw. aus § 823 Abs. I BGB, in dessen Rechtsposition die Erben gem. § 1922 BGB eintreten.

Bei allen drei Ansprüchen ist zudem gem. § 846 BGB zu beachten, daß ein Mitverschulden des unmittelbar Geschädigten i. S. d. § 254 BGB auch zur anteiligen Kürzung der Ansprüche des mittelbar Geschädigten führt.

b) Beispielsfall

1.) Sachverhalt

Witwe Kummer pflegt auf dem Balkon ihrer Wohnung im zehnten Stock eines Hochhauses Blumen. Aus Versehen stößt sie mit der Gießkanne an einen kleinen Topf, der hinabfällt und dem Familienvater Fruchtig den Schädel spaltet. Fruchtig hinterläßt acht Kinder und Ehefrau. Welche <u>selbständigen</u> Ansprüche hat die Ehefrau?

2.) Lösungsskizze

Der Ehefrau könnte gegen Kummer ein Anspruch auf Schadensersatz aus § 823 Abs. I BGB zustehen.

Verletzt wurde das Rechtsgut Leben und die Gesundheit des Ehemannes mittel des Herabwerfens des Blumentopfes durch die Witwe Kummer. Die Rechtsgutsverletzung indiziert die Rechtswidrigkeit der Handlung. Die Witwe hat gem. § 276 Abs. I BGB jeden Grad von Verschulden, auch bloße leichte Fahrlässigkeit, zu vertreten.

Da allerdings das Rechtsgut Leben allein dem Ehemann und nicht der Ehefrau zustand, kommt auch nur der Fruchtig selbst als Inhaber eines Schadenersatzanspruches in Betracht.

Die Ehefrau hat aber einen Anspruch aus § 844 BGB. Dieser setzt voraus, daß der unmittelbar Verletzte bei Überleben einen Schadensersatzanspruch aus unerlaubter Handlung haben würde. Dies ist, wie oben gezeigt, gegeben. Der Anspruch umfaßt den auf Ersatz der Beerdigungkosten und eine Geldrente, da die Ehefrau gem. § 1360 f. BGB gegenüber Fruchtig unterhaltsberechtigt war.

Merke aus diesem Fall: Zur Haftung aus unerlaubter Handlung genügt ganz leichte Fahrlässigkeit!

IV.) Haftung für vermutetes Verschulden und Gefährdungshaftung, §§ 831 - 838 BGB

a) Bedeutung der Haftung für vermutetes Verschulden und der Gefährdungshaftung

Grundsätzlich setzt ein Schadensersatzanspruch aus Unerlaubter Handlung das Verschulden des Schädigers voraus.

Hiervon wird in einigen Fällen eine Ausnahme gemacht, in denen den Haftpflichtigen Überwachungspflichten über eine Person (aufgrund deren Unerfahrenheit, Alter oder geistiger bzw. körperlicher Schwächen) oder eine gefährliche Sache treffen. Aufgrund dieser besonderen Überwachungspflichten und weil deren Verletzung oftmals besonders schwierig zu beweisen sein dürfte, wird im Falle einer Verletzung Dritter das Verschulden des Überwachungspflichtigen vermutet.

Er behält aber die Möglichkeit nachzuweisen, daß er nicht schuldhaft gehandelt hat (sogenannte "Exculpationsmöglichkeit durch Entlastungsbeweis").

Folgende Tatbestände vermuteten Verschuldens finden sich im BGB:

- Haftung des Geschäftsherrn für seine Verrichtungsgehilfen gem. § 831 BGB, vgl. Beispiel unten
- Haftung des Aufsichtspflichtigen über minderjährige oder beaufsichtigungsbedürftige Person (z. B. Geistesschwacher) gem. § 832 BGB
- Haftung des Halters von Nutztieren gem. § 833 Satz 2 BGB
- Haftung des Tieraufsehers gem. § 834 BGB
- Haftung des Grundstücks- oder Gebäudebesitzers bzw. Gebäudeunterhaltspflichtigen gem. §§ 836 - 838 BGB

Daneben existieren noch Fälle der sogenannten Gefährdungshaftung, in denen es auf das Vorliegen eines Verschuldens überhaupt nicht ankommt. Das bloße Schaffen einer Gefahrenlage ("Gefährdung"), wegen der sich dann ein Schadenserfolg verwirklicht, führt zur Ersatzpflicht. Im Deliktsrecht des BGB findet sich ein solcher Fall in der Haftung des Halters von Tieren gem. § 833 Satz 1 (außer Nutztieren, dann gilt Satz 2 mit der Entlastungsmöglichkeit) BGB.

b) Die Haftung für Verrichtungsgehilfen gem. § 831 BGB

Im Geschäftsverkehr von Bedeutung ist die Haftung des Geschäftsherrn für seine Verrichtungsgehilfen gem. § 831 BGB.

Es handelt es sich keineswegs um eine Haftung des Geschäftsherrn für das Verschulden des Verrichtungsgehilfen, sondern um eine Haftung für eigenes Verschulden bzgl. einer unsorgfältigen Auswahl oder Überwachung der Gehilfen.

§ 831 BGB gehört zu den Tatbeständen mit sogenanntem "vermuteten Verschulden", da er Im Schadensfall eine doppelte Vermutung aufstellt:

Zum einen die Vermutung fehlender Sorgfalt bei der Auswahl bzw. Überwachung der Verrichtungsgehilfen, zum anderen, daß der Mangel an Sorgfalt ursächlich gewesen ist für den Schadenseintritt. Beide Vermutungen muß der Geschäftsherr zur Abwendung der Schadensersatzpflicht im Wege eines Entlastungsbeweises widerlegen.

1.) Die Tatbestandsmerkmale des § 831 Abs. I Satz 1 BGB

1. Bestellung einer Person zu einer Verrichtung durch den Geschäftsherrn = **Verrichtungsgehilfe** = wer mit Wissen und Wollen des Geschäftsherrn in dessen Geschäftskreis tätig wird und diesem gegenüber weisungsgebunden ist! Beispiel: Meist im Verhältnis Arbeitnehmer - Arbeitgeber (nicht zwischen Ehegatten im Privatleben; allenfalls im Rahmen einer gemeinsamen Tätigkeit in einem Unternehmen).

2. **Unerlaubte Handlung des Verrichtungsgehilfen** = Vorliegen einer tatbestandsmäßigen, rechtswidrigen Handlung i. S. d. **§§ 823 ff. BGB**, d. h.. es muß der <u>objektive</u> Tatbestand einer Haftungsnorm der §§ 823 ff. BGB (=

unerlaubte Handlung) erfüllt worden sein. Es ist kein Verschulden des Verrichtungsgehilfen erforderlich, da es allein auf das Auswahlverschulden des Geschäftsherrn ankommt. Daher bedarf es auch keiner Deliktsfähigkeit des Verrichtungsgehilfen.

3. **Schadensverursachung in Ausführung der Verrichtung**: Dies bedeutet, daß der Schaden in unmittelbarem inneren Zusammenhang mit der Verrichtung stehen muß, d. h., die Handlung muß in den allgemeinen Umkreis des Aufgabenbereiches gehören, zu dessen Wahrnehmung der Erfüllungsgehilfe durch den Schuldner bestimmt ist. Umgekehrt genügt es nicht, wenn der Schaden nur gelegentlich der Verrichtung (zufällig oder bei Gelegenheit der Verrichtung) eingetreten ist.

4. **Fehlende Exculpation i. S. d. § 831 Abs. I Satz 2 BGB:** Der Geschäftsherr muß beweisen, daß ihn kein Verschulden bei der Auswahl seines Verrichtungsgehilfen trifft (Die Exculpation ist nur möglich bei Nachweis der sorgfältigen Auswahl des Verrichtungsgehilfen unter Berücksichtigung der Schwierigkeitsstufe der Verrichtung.), und daß kein Überwachungsverschulden besteht. (Die sorgfältige Auswahl muß auch im Zeitpunkt der Verletzungshandlung noch Gültigkeit gehabt haben. Der Geschäftsherr muß folglich den Nachweis führen, daß er die Sorgfalt seiner Auswahl auch ständig kontrolliert hat.) Bei großen Firmen ist ein sogenannter "dezentralisierter Entlastungsbeweis" erlaubt: Da der Inhaber unmöglich alle Betriebsangehörigen gleichzeitig überwachen kann, genügt der Nachweis der sorgfältigen Auswahl und Überwachung der leitenden Angestellten, an die die weitere Überwachung delegiert ist! Gelingt dem Geschäftsherrn der Entlastungsbeweis, muß er die zweite gesetzliche Vermutung (die Ursächlichkeit seines Verschuldens für den Schadenseintritt) nicht mehr widerlegen, da kein Verschulden mehr besteht, das ursächlich wirken könnte. Gelingt der Entlastungsbeweis bezüglich des Verschuldens nicht, bleibt noch die Möglichkeit, die gesetzliche Vermutung der Ursächlichkeit der Sorgfaltspflichtverletzung für den Schadenseintritt zu widerlegen.

2.) Beispielsfall

(a) Sachverhalt

Frau Sauber beauftragt Installateurmeister Hundertwasser mit der Erneuerung ihrer Badezimmerrohre. Hundertwasser delegiert die Arbeiten an seinen Gesellen Pablo Schlaf, der schon seit einem Jahr zur vollen Zufriedenheit des Hundertwasser im Betrieb arbeitet.

Als Schlaf fertig ist, ruft er Frau Sauber, um das Werk zu betrachten. Dabei hat er unvorsichtigerweise einige der alten Eisenrohre nicht richtig an der Wand angelehnt. Als Frau Sauber ins Zimmer tritt, schlagen ihr die Rohre daher auf den Kopf, so daß sie ohnmächtig wird.

Die Rohre stoßen zudem gegen einen Werkzeugkasten des Pablo an der Fensterbank, der prompt nach außen kippt und dem Fußgänger Zügig auf dem Kopf landet. Dieser muß mit einer schweren Gehirnerschütterung in eine Klinik.

Schlaf nutzt die Lage und stiehlt der Frau Sauber noch einen Diamantring aus einer Schublade; er glaubt, der Diebstahl werde nicht auffallen.

Welche Ansprüche haben Frau Sauber und Herr Zügig gegen Hundertwasser?

(b) Lösungsskizze

Ansprüche des Zügig gegen Hundertwasser:

Vertragliche Ansprüche

Es bestehen keine vertraglichen oder vertragsähnlichen Ansprüche, da kein Vertragsverhältnis zwischen den Parteien besteht.

Ansprüche aus § 823 Abs. I BGB

Es könnte sich aber ein Anspruch des Zügig gegen Hundertwasser auf Schadensersatz für die Behandlungskosten gem. § 823 Abs. I BGB ergeben.

Da Hundertwasser nicht selber gehandelt hat, könnte er die Gesundheit des Zügig nur durch Unterlassen geschädigt haben.

Ein Handlungspflicht könnte sich aus Verkehrssicherungspflichten (Sicherstellung eines sorgfältigen Aufstellens der Eisenrohre und des Werkzeugkastens) ergeben.

Allerdings ist es nicht Hundertwasser, der mit den Rohren und dem Kasten arbeitet, sondern sein Geselle. Daher kommt auch nur letzterer als Träger einer Verkehrssicherungspflicht in Betracht. Dieser hat seine Verkehrssicherungspflichten verletzt. Diese Verletzung könnte dem Hundertwasser gem. § 278 zuzurechnen sein. Dafür müßte Pablo allerdings dem Hundertwasser zur Erfüllung einer vertraglichen Pflicht gegenüber Zügig dienen. Zwischen Hundertwasser und Zügig bestehen jedoch keine vertraglichen Verpflichtungen.

Der Anspruch gegen Hundertwasser scheidet daher aus.

Ansprüche gem. § 831 Abs. I Satz 1 BGB

Es könnte allerdings ein Anspruch gem. § 831 Abs. I Satz 1 BGB existieren.

Pablo müßte demnach Verrichtungsgehilfe des Hundertwasser gewesen sein. Da Pablo Angestellter ist, wurde er mit Wissen und Wollen des Hundertwasser und unter einer Weisungsgebundenheit tätig. Die Verletzung der Gesundheit des Zügig stellt zudem eine durch § 823 Abs. I BGB geschützte Rechtsgutsverletzung dar. Die Rechtswidrigkeit ist indiziert. Auf ein persönliches Verschulden des Pablo kommt es im Rahmen des § 831 BGB nicht an.

Pablo verursachte den Schaden in Ausführung der Verrichtung, da das unsorgfältige Aufstellen der Rohre und es Kastens im direkten inneren Zusammenhang mit der vom Geschäftsherrn übertragenen Aufgabe der Renovierung des Badezimmers stand.

Gleichwohl scheidet ein Anspruch auf Schadensersatz gem. § 831 Abs. I Satz 2 BGB aus, da dem Hundertwasser die Exkulpation für das Verhalten seines Gesellen möglich ist. Hundertwasser durfte aufgrund seiner Erfahrungen mit Palbo davon ausgehen, daß dieser sorgfältig arbeitet. Eine dauernde Überwachung des Pablo war deshalb auch nicht geboten!

Ansprüche der Frau Sauber gegen Hundertwasser:

Anspruch aus pFV/pVV des Werkvertrages

Es ist denkbar, daß Frau Sauber ein Anspruch auf Ersatz der ihr entstandenen Schäden aus positiver Forderungsverletzung (= pFV bzw. pVV) entstanden ist.

Die Parteien haben einen Werkvertrag i. S. d. § 635 BGB über die Erneuerung des Rohrsystemes im Badezimmer der Frau Sauber geschlossen.

Dem Hundertwasser müßten aus diesem Vertrag Schutzpflichten bezüglich der Gesundheit und des Eigentumes der Frau Sauber entstanden sein.

Schutzpflichten aus Vertrag umfassen regelmäßig zumindest auch die Pflichten aus § 823 BGB („Erst-recht-Schluß" = wenn ohne Vertrag solche Pflichten gegenüber jedermann bestehen, dann „erst recht" gegenüber dem selbstgewählten Vertragspartner!).

Den Hundertwasser traf daher die vertragliche Nebenpflicht, die in § 823 BGB geschützten Rechtsgüter nicht zu verletzen!

Die vertragliche Pflicht, Gesundheit und Eigentum der Fr. Sauber zu schützen, wurde auch verletzt, allerdings nicht durch Hundertwasser, sondern dessen Gesellen Pablo.

Der Geselle handelte dabei fahrlässig i. S. d. § 276 I BGB, da er die Eisenrohre nicht mit der gehörigen Sorgfalt behandelte.

Es könnte sein, daß sich Hundertwasser das Verschulden des Pablo gem. § 278 BGB zurechnen lassen muß. Dafür müßte Pablo Erfüllungsgehilfe des Hundertwasser gewesen sein.

Erfüllungsgehilfe ist jeder, dessen sich der Schuldner zur Erfüllung seiner Vertragspflichten tatsächlich bedient (von seiner Funktion als Erfüllungsgehilfe muß dieser selbst nicht unbedingt etwas wissen).

Allerdings ist hierbei die gleiche Unterscheidung, wie beim Verrichtungsgehilfen des § 831 BGB zu treffen: Die schuldhafte Handlung muß in einem inneren sachlichen Zusammenhang mit den Aufgaben stehen, die der Schuldner dem Erfüllungsgehilfen zur Erfüllung der Leistungspflicht zugewiesen hat, d. h., die Handlung muß in den allgemeinen Umkreis des Aufgabenbereiches gehören, zu dessen Wahrnehmung der Erfüllungsgehilfe durch den Schuldner bestimmt ist.

Hier ist Pablo zur Erfüllung des Werkvertrages bestimmt, er ist daher Erfüllungsgehilfe. Zur Erfüllung der Erneuerungsarbeiten gehört der Umgang mit den Rohren. Der Diebstahl erfolgte aber nicht unter der Zielsetzung der Erfüllung der Renovierung, sondern nur „bei Gelegenheit" dieser Tätigkeit.

Daher kann dem Hundertwasser nur das Verschulden des Pablo aus dem unsachgemäßen Umgang mit den Rohren zugerechnet werden, nicht aber die Eigentumsverletzung durch Diebstahl.

Es besteht daher nur ein Schadensersatzanspruch gegen Hundertwasser auf Ersatz der Behandlungskosten, nicht aber auf Ersatz des Schmuckgegenstandes.

Der Schadensersatz umfaßt folglich gem. §§ 249 ff. BGB die Behandlungskosten der Frau Sauber. Wäre diese Berufstätig, könnte ein Verdienstausfall als entgangener Gewinn gem. § 252 BGB geltend gemacht werden.

Ansprüche aus § 823 BGB

Es besteht kein Anspruch aus § 823 BGB. Es wird auf die Ausführungen bzgl. Herrn Zügig verwiesen!

Ansprüche aus § 831 Abs. I Satz 1 BGB

Eventuell läßt sich der Anspruch auf Schadensersatz auch auf § 831 Abs. I Satz 1 BGB gründen.

Pablo ist, wie oben bereits gesehen, Verrichtungsgehilfe des Hundertwasser.

Der Verrichtungsgehilfe erfüllte durch die Verletzung von Körper und Eigentum der Frau Sauber den objektiven Tatbestand einer unerlaubten Handlung gem. § 823 Abs. I BGB.

Zweifelhaft bleibt jedoch, ob die unerlaubte Handlung in Ausführung der Verrichtung erfolgte.

Die Körperverletzung geht auf den Umgang mit den Rohren zurück, der in direktem Zusammenhang mit der Verrichtung steht. Die Eigentumsverletzung erfolgte allerdings nur „gelegentlich" der Verrichtung. Eine Haftung scheidet daher diesbezüglich aus.

Meister Hundertwasser kann sich zudem gem. § 831 Abs. I 2 BGB exculpieren, da Pablo erfahrungsgemäß stets sorgfältig gearbeitet hat!

<u>Klausurtip:</u> *Im Beispielsfall wurde ein wichtiges Problem in Zusammenhang mit § 831 BGB behandelt: Der Begriff des Verrichtungsgehilfen wird oftmals verwechselt mit dem Begriff des Erfüllungsgehilfen in § 278 BGB.*

Es ist unbedingt zu beachten, daß § 831 BGB im Gegensatz zu § 278 BGB eine eigenständige Anspruchsgrundlage darstellt und daher auch stets einzeln zu prüfen ist.

Umgekehrt ist § 278 BGB gerade keine eigenständige Anspruchsgrundlage, sondern eine bloße Zurechnungsnorm, über die das Verschulden des Erfüllungsgehilfen vom Vertragspartner zu tragen ist.

Es wäre somit falsch, § 831 BGB im Rahmen des § 823 BGB beim Verschulden prüfen zu wollen und über § 831 BGB dem Meister Hundertwasser ein Verschulden des Verrichtungsgehilfen zuzurechnen!

§ 831 BGB	§ 278 BGB
Ist eine eigenständige Anspruchsgrundlage, nach der der Geschäftsherr für <u>eigenes Verschulden</u> haften muß!	*Ist reine Zurechnungsnorm bzgl. des <u>Verschuldens des Erfüllungsgehilfen</u>!*
Verrichtungsgehilfe: - *Wird mit Wissen und Wollen im Geschäftskreis des Geschäftsherrn tätig* - *Weisungsgebundenheit*	*Erfüllungsgehilfe:* *Wird mit Wissen und Wollen im Geschäftskreis des Geschäftsherrn tätig. Es besteht jedoch keine Weisungsgebundenheit. Es bedarf sogar nichtmals einer Kenntnis des Erfüllungsgehilfen von seiner Stellung als Erfüllungsgehilfe!*
Keine Vertraglichen Beziehung zwischen Schadensersatzschuldner und Geschädigtem nötig	*Vertragliche Verbindung zwischen Schadensersatzschuldner und Geschädigtem*
Exculpation möglich!	*Keine Exculpation möglich!*

c) Beispielsfall zu § 836 BGB

1.) Sachverhalt

Erich, der stolze Besitzer eines Trabbi „Marathon" ist, parkt vor dem Haus des Nachbarn Schwerreich. Da starker Wind herrscht, fallen zwei Dachpfannen vom Haus des Schwerreich durch das Autodach des Erich. Trotz ähnlicher vorangegangener Vorfälle hatte Schwerreich das Hausdach nie reparieren lassen. Die Klebearbeiten am Autodach erfordern einen Spezialkleber, der erst nach drei Wochen aus Rußland geliefert werden kann. Die Reparatur soll 200 DM kosten.

Erich meint, daß ihm für diese Zeit ein Ersatzwagen zusteht und mietet einen Ferrari für täglich 500 DM.

Schwerreich lehnt jede Entschädigung ab. Er könne nichts für das Eingreifen von Naturgewalten und außerdem sei der Trabbi ohnehin nichts wert gewesen.
Welche Ansprüche hat Erich gegen Schwerreich?

2.) Lösungsskizze

Erich könnte gegen Schwerreich einen Anspruch auf Ersatz der ihm entstandenen Schäden aus der Reparatur des Trabbi und den Kosten für den Mietwagen gem. § 836 Abs. I BGB besitzen.

Der Anspruch wendet sich gegen den Eigenbesitzer des Hauses, den Schwerreich, gem. § 836 Abs. III BGB.

Durch die Ablösung der Dachpfannen wurde das Eigentum des Erich am Trabbi i. S. einer Substanzverletzung betroffen.

Die Ablösung der Pfannen ging auch auf die mangelnde Unterhaltung des Daches zurück, da ähnlich Vorfälle dem Besitzer bekannt waren.

Schwerreich kann keinen Entlastungsbeweis gem. § 836 Abs. I Satz 2 BGB führen, denn er hatte die Schädigung verschuldet i. S. d. § 276 Abs. I BGB, da er die ihm obliegende Sorgfaltspflicht verletzte, die von seinem Hausdach ausgehende Gefahr abzuwenden.

Der Schadensersatzanspruch ist daher dem Grunde nach zu bejahen.
Der Höhe nach ist er allerdings zu mindern, da Erich seine Schadensminderungspflicht aus § 254 Abs. II S. 1 BGB verletzt hat: Als Ausgleich für den Nutzungsausfall am Trabbi hätte die Miete eines gleichwertigen Fahrzeuges ausgereicht! Die für den Ferrari zusätzlich entstandenen Mietkosten sind nicht zu ersetzen.

V.) Mehrheit von Schädigern, § 830 BGB

a) Der Zweck des § 830 BGB

§ 830 BGB durchbricht den Grundsatz des § 823 BGB, daß der Ursachenzusammenhang zwischen Handlung und Verletzungserfolg sowie Verletzungserfolg und Schadenseintritt dem vermeintlichen Schädiger nachzuweisen ist.

Zweck des § 830 BGB ist es, die Beweisschwierigkeiten des Geschädigten überwinden zu helfen, damit dessen Schadensersatzansprüche nicht daran scheitern, daß nicht mit voller Sicherheit festgestellt werden kann, welcher der an einer Tathandlung Beteiligten den Schaden verursacht hat!

Beachte aber: § 830 BGB ist keine reine Beweislastregelung, sondern eine eigenständige Anspruchsgrundlage!

Die wichtigsten Fallgruppen der Anwendung des § 830 BGB sind:

- Steinschlacht bei Demonstration
- Verletzung eines Fußgängers an Baustelle auf der mehrere Firmen arbeiten
- Verletzung durch Rakete aus einer Gruppe von Personen, die alle Raketen abfeuern
- Verletzung eines Passanten im Grenzbereich zweier Grundstücke, deren Eigentümer beide die Streupflicht verletzten
- Verletzung eines Verkehrsteilnehmers bei mehreren aufeinander folgenden Fahrzeugen.

b) Die Tatbestände des § 830 BGB

§ 830 BGB regelt drei Fälle der Schädigung durch Mehrere:

- Fall der **gemeinschaftlichen Begehung durch Mittäterschaft** = § 830 Abs. I S. 1 BGB

- Fall der **gemeinschaftlichen Begehung durch Anstiftung oder Beihilfe** =
  § 830 Abs. I S. 1 i. V. m. Abs. II BGB
- Fall der **gemeinschaftlichen Begehung durch Beteiligung** = § 830 Abs. I
  S. 2 BGB

1.) Die gemeinschaftliche Begehung durch Mittäterschaft, Anstiftung oder Beihilfe, § 830 Abs. I Satz 1 (i. V. m. Abs. II) BGB

Hierbei werden die Tatbeiträge einzelner Schädiger den übrigen aufgrund deren Position als Mittäter bzw. Gehilfen zugerechnet. Der Geschädigte muß daher keinen konkreten Verursacher für jede einzelne Handlung, die zum Schaden führte, benennen können.

(a) Die Tatbestandsmerkmale des § 830 Abs. I Satz 1 BGB

1.   Vorliegen einer Unerlaubten Handlung
= Erfüllung des <u>objektiven</u> Tatbestandes einer Haftungsnorm der §§ 823 ff. BGB

2.   Handlung als Mittäter (oder Gehilfe)
Mittäterschaft = bewußtes und gewolltes Zusammenwirken mehrerer zur Herbeiführung eines Taterfolges (identisch mit dem strafrechtlichen Begriff, § 25 Abs. II StGB).

Erforderlich zur Annahme einer Mittäterschaft sind
- gemeinsamer Tatentschluß,
- gemeinsamer Tatplan und
- gemeinsame Ausführung dieses Planes.

Vorsicht: Als Mittäter haftet auch, wer gar keine Handlung vornimmt. Es genügt, wenn der Tatentschluß und der Tatplan gemeinsam getroffen werden, auch wenn einer der Täter entweder nach dem Tatplan gar nicht in direkte Aktion treten soll (rein psychische Mittäterschaft, "Chef" im Hintergrund), oder durch den Verlauf der Tat nicht mehr zur Ausführung seines geplanten Tatbeitrages kommt (Vorzeitiger Abbruch)! Jeder Mittäter bekommt den Tatbeitrag der übrigen Mittäter als eigenen zugerechnet!

Ein Handeln als Gehilfe (= Anstifter/Beihelfer) wird gem. § 830 Abs. II BGB der Mittäterschaft gleichgestellt. Die Begriffe der Anstiftung und Beihilfe bestimmen sich nach dem Strafrecht §§ 26, 27 StGB.

3.   **Kausalität** der Unerlaubten Handlung für den Schaden

(b) Rechtsfolge

Jeder Mittäter bzw. Gehilfe haftet gegenüber dem Geschädigten. Die Haftung der Täter bzw. Gehilfen erfolgt als Gesamtschuldner mit dem anderen Täter gem. § 840 Abs. I i. V. m. §§ 421 ff. BGB. Dies bedeutet, daß der Geschädigte es sich aussuchen kann, von welchem der Schädiger er den Schadensersatzanspruch einfordert. Der Geschädigte kann auch von verschiedenen Schädigern jeweils Teilbeträge anfordern. Die Schädiger haben untereinander entsprechend ihrer Inanspruchnahme durch den Geschädigten einen Ausgleichsanspruch gem. § 426 BGB.

(c) Beispielsfall

(1.) Sachverhalt

Richi und sein Kumpel Schöppe haben wieder richtig Lust auf „eine fette Schlägerei". Sie werfen sich in den Opel-Manta von Schöppe und brausen los. Unterwegs erspähen sie den Tierschützer Olli Ök vor seiner Gärtnerei, der Schöppe neulich Schwierigkeiten machte, wegen des echten Fuchsschwanzes an der Mantaantenne.

Richi meint, Olli täte eine „Blütentherapie" besonders gut und beschließt mit Schöppe, zwei Blumentonkübel auf Ollis Kopf zu zerschmettern. Schöppe greift daher zu einem der Kübel und sorgt bereits mit dem ersten Schlag dafür, daß Olli ohnmächtig zusammensinkt. Richi schlägt daher nicht mehr zu. Dann werfen Schöppe und Richi dutzendweise Blumentöpfe gegen die Fenster des Gewächshauses, wobei mehrere Scheiben zu Bruch gehen. Es läßt sich allerdings nicht genau klären, welche der Töpfe die Scheiben zerstörten.

Hat Olli Schadensersatzansprüche a) wegen seiner Heilkosten, b) auf Schmerzensgeld, c) auf Ersatz der Scheiben und der Blumentöpfe? Wenn ja, gegen wen?

(2.) Lösungsskizze

Ansprüche des Olli gegen Schöppe (a) auf Ersatz der Heilkosten und (b) auf Schmerzensgeld:

Olli könnte einen Anspruch auf Ersatz seiner Heilkosten aus § 823 Abs. I BGB haben. Schöppe hat Gesundheit und Körper des Olli durch den Schlag mit dem Blumenkübel verletzt. Die Rechtsgutsverletzung indiziert die Rechtswidrigkeit. Schöppe hat die Verletzung auch verschuldet i. S. d. § 276 Abs. I BGB, da er den Schlag vorsätzlich ausführte. Gem. § 249 Satz 2 BGB kann Olli als Schadensersatz den Betrag geltend machen, der zur Heilung seiner Körperverletzungen notwendig war. Daneben kommt Olli der Anspruch auf Ersatz der Heilkosten auch aus § 823 Abs. II BGB i. V. m. § 223 StGB zu. Der Schmerzensgeldanspruch ergibt sich aus § 847.

Ansprüche des Olli gegen Richi (a) auf Ersatz der Heilkosten und (b) auf Schmerzensgeld:

Anspruch gem. § 823 Abs. I BGB

Ein Anspruch könnte gem. § 823 Abs. I BGB begründet sein. Richi hat allerdings überhaupt nicht zugeschlagen, so daß er keine Verletzung von Körper oder Gesundheit des Olli verursacht hat. Ein Anspruch aus § 823 Abs. I BGB auf Ersatz der Heilkosten entfällt daher.

Anspruch gem. § 830 Abs. I Satz 1 BGB

Es könnte sich aber ein Anspruch gem. § 830 Abs. I Satz 1 BGB ergeben.
Eigentlich wurden die Tatbestände des § 823 Abs. I, II, § 847 BGB nur von Schöppe erfüllt.
Richi ist wegen des gemeinsamen Tatentschlusses und des gemeinsam gefaßten Tatplanes jedoch Mittäter unabhängig von der Tatsache, daß er nicht mehr zur Ausführung seines Tatbeitrages kam. Er haftet daher neben Schöppe gem. § 830 Abs. I Satz 1 BGB für die Kosten der Heilbehandlung und das Schmerzensgeld als Gesamtschuldner gem. § 840 i. V. m. §§ 421 ff. BGB.

Anspruch des Olli auf Ersatz der Blumentöpfe und Fensterscheiben:

Anspruch aus § 823 Abs. I BGB

Ein Anspruch aus § 823 BGB gegen Schöppe und Richi entfällt schon deshalb, da nicht mehr nachprüfbar ist, wer von beiden im einzelnen die Verletzung des Eigentums an den Töpfen und Scheiben verursacht hat.

Anspruch aus § 830 Abs. I Satz 1 BGB

Es verbleibt aber § 830 Abs. I S. 1 BGB als Anspruchsgrundlage.
Hiernach haften Mittäter ohne Rücksicht darauf, ob ein bestimmtes Verhalten des in Anspruch genommenen als Ursache für den Verletzungserfolg nachgewiesen werden kann.
Entscheidend ist allein, daß der Schaden auf der in Mittäterschaft begangenen Tat beruht, d. h. auf das bewußte und gewollte Zusammenwirken zurückgeht! Jeder Täter bekommt dabei den Tatanteil des anderen zugerechnet.
Es ist sicher, daß die Zerstörung der Töpfe und Scheiben durch die gemeinsame Tat von Richi und Schöppe verursacht wurde, so daß sie gegenseitig ihre Tatanteile zugerechnet bekommen. Demnach haften beide auch für diese Schäden als Gesamtschuldner aus § 830 Abs. I S. 1 i. V. m. § 840 i. V. m. §§ 421 ff. BGB.

2.) Die gemeinschaftliche Begehung gem. § 832 Abs. I Satz 2 BGB

Das Gesetz geht hier noch weiter und begründet eine Haftung mehrerer, wenn einer aus ihrem Kreis eine Unerlaubte Handlung vorgenommen hat und die übrigen als Beteiligte anzusehen sind, ohne daß der Geschädigte beweisen müßte, daß irgendeine Handlung der einzelnen Beteiligten für den Schaden ursächlich wurde.

(a) Die Tatbestandsmerkmale des § 830 Abs. I Satz 2 BGB

1.   **Vorliegen einer Unerlaubten Handlung** = Erfüllung des <u>objektiven</u> Tatbestandes einer Haftungsnorm der §§ 823 ff. BGB

2.   **Beteiligung**

- **Selbständige Beteiligung** = <u>Jeder</u> Beteiligte müßte aufgrund seiner Handlung bei unterstellter Kausalität aus unerlaubter Handlung haftbar sein = es müssen alle Voraussetzungen eines Tatbestandes der unerlaubten Handlung (§§ 823 ff. BGB) bis auf die Kausalität erfüllt sein. Vorsicht: Handelt einer der Beteiligten rechtmäßig, entfällt die Haftung aller!

- **Die Rechtsgutsverletzung ist mit Sicherheit durch einen der Beteiligten erfolgt oder durch alle gemeinsam.**

- **Bei keinem der Beteiligten läßt sich die haftungsbegründende und/oder die haftungsausfüllende Kausalität beweisen.**

Zur Beachtung: Bei § 830 Abs. I Satz 2 BGB erfolgt die Zurechnung allein aufgrund der Beteiligung; eine Mittäterschaft ist nicht erforderlich!

(b) Rechtsfolge

Jeder Beteiligte haftet gegenüber dem Geschädigten. Die Haftung der Beteiligten erfolgt als Gesamtschuldner gem. § 840 Abs. I i. V. m. §§ 421 ff. BGB. Dies bedeutet, daß der Geschädigte es sich aussuchen kann, von welchem der Schädiger er den Schadensersatzanspruch einfordert. Der Geschädigte kann auch von verschiedenen Schädigern jeweils Teilbeträge anfordern. Die Schädiger haben untereinander entsprechend ihrer Inanspruchnahme durch den Geschädigten einen Ausgleichsanspruch gem. § 426 BGB.

(c) Beispielsfall

(1.) Sachverhalt

Bauzulieferer Korks liefert schadhafte Stahlträger für das neue Blumenhaus des Olli Ök. Der Zusammenbau wird von Bauunternehmer Carlo Pfusch vorgenommen, wobei alle Schweißnähte unsachgemäß hergestellt werden. Nach einem Jahr bricht das neue Gewächshaus zusammen. Es läßt sich nicht mehr ermitteln, ob der Zusammenbruch auf die fehlerhaften Stahlträger oder den falschen Zusammenbau zurückgeht. Sicher ist nur, daß beides als Ursache in Frage kommt. Haften Korks und Pfusch?

(2.) Lösungsskizze

Sowohl eine vertragliche wie auch eine gesetzliche Haftung aus § 823 BGB müssen schon deshalb scheitern, weil die Kausalität der jeweiligen Mängel für die Verletzung des Eigentums des Olli unaufklärbar ist!
Es bietet sich aber § 830 Abs. I Satz 2 BGB als Anspruchsgrundlage an:
Der objektive Tatbestand des § 823 Abs. I BGB ist sowohl von Korks wie auch von Pfusch erfüllt: Das Eigentum des Olli am Gewächshaus wurde durch dessen Einsturz verletzt. Sowohl Korks wie auch Pfusch haben ihre Leistungen bei der Herstellung des Hauses mangelhaft er-

bracht. Allerdings ist nicht nachvollziehbar, inwiefern die fehlerhafte Leistung des einen, oder die des anderen zur Zerstörung des Hauses führte.

Beide sind aber an der Rechtsgutsverletzung beteiligt:

Unterstellt man eine Kausalität, würden Korks und Pfusch jeweils allein aus § 823 Abs. I BGB haften, da im übrigen die Rechtswidrigkeit durch die Rechtsgutsverletzung indiziert wird und die mangelhaften Arbeiten zumindest auf Fahrlässigkeit im Sinne des § 276 Abs. I BGB zurückgehen.

Da zudem sicher ist, daß der Zusammenbruch des Gewächshauses zumindest auf eine der fehlerhaften Leistungen des Korks bzw. des Pfusch zurückgeht, haften beide gemeinsam gem. § 830 Abs. I Satz 2 BGB.

§ 3 Das Bereicherungsrecht, §§ 812 ff. BGB

A) Der Ursprung des Bereicherungsrechts

Seinen Ursprung hat das Bereicherungsrecht in den Klagearten des römischen Rechts, den „legis actiones". Da die römischen Klageverfahren stark formalisiert waren, mußten Klagen auf Schuldforderungen im Wege der „legis actio per condictionem", die im dritten Jahrhundert eingeführt wurde, durchgeführt werden. Die „condictio" war hierbei gleichbedeutend mit einer „feierlichen Ansage" gegenüber dem leugnenden Schuldner, um anzuzeigen, daß ein Richter bestellt ist für einen in dreißig Tagen stattfindenden Verhandlungstermin. Aus diesem Rechtsinstitut leitet sich das deutsche Bereicherungsrecht ab, weshalb es auch als Kondiktionenrecht bezeichnet wird.

B) Der Zweck des Bereicherungsrechts

Im Bereicherungsrecht geht es nicht um Schadensersatzforderungen, sondern ausschließlich darum, unberechtigte Vermögensverschiebungen rückgängig zu machen!
Soweit ein Vermögenszuwachs ohne Berechtigung stattfindet, kann er über das Bereicherungsrecht abgeschöpft werden und an den eigentlich Berechtigten zurückfließen.
Von daher spricht das Bereicherungsrecht auch nur von der „Herausgabe des Erlangten", nie von „Schadensersatz"!

C) Die Trennung nach Leistungs- und Nichtleistungskondiktionen

Zu unberechtigten Vermögensverschiebungen kann es auf zwei Arten kommen:

I.) Vermögensverschiebung aufgrund Leistung

a) Theoretische Grundlagen

Wenn Personen davon ausgehen, daß zwischen ihnen ein gesetzliches oder vertragliches Schuldverhältnis besteht, erbringen sie die Leistungen, zu denen sie das Schuldverhältnis verpflichtet, z. B. beim Kaufvertrag die Verpflichtung zur Übereignung der Kaufsache.
Stellt sich später das Schuldverhältnis jedoch als unwirksam heraus, verschafft das Bereicherungsrecht demjenigen, der bereits eine Leistung auf die unwirksame Verpflichtung erbracht hat, einen Anspruch auf Herausgabe seiner Leistung.
Dieser Anspruch wird dementsprechend als **„Leistungskondiktion"** bezeichnet und ist in § 812 Abs. I S. 1, 1. Alt. BGB geregelt.

b) Beispielsfall

1.) Sachverhalt

Der siebzehnjährige Brösel will sich den Wunsch nach dem eigenen Motorrad verwirklichen und spart jeden Pfennig. Seine Eltern sind jedoch strikt gegen diese Idee.
Da der Kawasaki-Händler Arnold Blind den Brösel für älter hält, verkauft er ihm tatsächlich ein Motorrad. Blind verkauft dabei eine Maschine mit 250 PS, die eigentlich 22000 DM wert ist, zum sensationellen Sonderpreis von 4000 DM, um endlich sein Lager für neue Ware frei zu bekommen. Blind räumt Brösel eine Zahlungsfrist von zwei Wochen ein.

Um sicherzugehen, stellt Brösel die Maschine bei seinem Kumpel Willi ab und erzählt seinen Eltern nichts. Als Brösel aber nach einer Woche durch die Stadt donnert, wird er von seinem Vater gesehen und zur Rede gestellt.
Die Eltern wollen den Kauf nicht genehmigen und verhindern die Zahlung des Geldes. Sie sind aber auch nicht zur Rückgabe des Motorrades bereit, da Blind selber schuld sei, wenn er sich seine Käufer nicht richtig anschaue.
Blind fragt sich, ob der Kaufvertrag nicht doch wirksam ist und ob er nicht mindestens einen Anspruch auf die Rückgabe des Motorrades hat.

2.) Lösungsskizze

Anspruch des Blind auf Kaufpreiszahlung

Der Kaufvertrag ist gem. § 107 BGB zustimmungsbedürftig, da sich Brösel in diesem Vertrag rechtlich zur Zahlung des Kaufpreises verpflichtet hat, so daß das Geschäft rechtlich nicht lediglich einen Vorteil darstellt, auch wenn das Kaufangebot sehr billig war.
(Wiederholung zu § 107 BGB: Für die Bewertung, ob lediglich ein rechtlicher Vorteil vorliegt, kommt es ausschließlich auf die rechtlichen Folgen und nicht auf die wirtschaftlichen Aspekte eines Rechtsgeschäftes an: Kommt es daher durch ein Rechtsgeschäft unmittelbar zu einer rechtlichen Verpflichtung, bleibt das Geschäft zustimmungsbedürftig, auch wenn die wirtschaftlichen Vorteile die rechtlichen Nachteil bei weitem überwiegen. Mit Ausnahme der Schenkung sind daher alle Verpflichtungsgeschäfte des Schuldrechtes zustimmungsbedürftig!
Unerheblich sind allerdings nur mittelbar durch das Rechtsgeschäft ausgelöste Nachteile, z. B. Steuerpflichten, Versicherungspflichten - würde man sie berücksichtigen, gäbe es keine zustimmungsfreien Rechtsgeschäfte, da jedes Geschäft irgendwelche rechtlichen Nachteile zur Folge haben kann!) Mit der Zustimmungsverweigerung ist der Vertrag endgültig unwirksam und es besteht folglich keine Verpflichtung zur Zahlung des Kaufpreises.

Anspruch des Blind auf Rückgabe des Motorrades

Aus § 985 BGB ergibt sich kein Anspruch des Blind, da er nicht mehr Eigentümer ist: Die Übereignung des Motorrades (= Erfüllungsgeschäft gem. § 929 Satz 1 BGB) war wirksam, da

die Erlangung eines Rechtes (hier des Eigentums am Motorrad) lediglich einen rechtlichen Vorteil darstellt. Durch die sachenrechtliche Einigung und Übergabe, geht der minderjährige Brösel keine Verpflichtung ein und bedarf daher keiner Zustimmung i. S. d. § 107 BGB.
Auch für ein Eingreifen der §§ 861, 1007, 823 BGB liegen keine Anhaltspunkte vor.

Um dem Verkäufer gleichwohl die Möglichkeit eines Zurückerhalts seiner Ware bei Unwirksamkeit des Verpflichtungsgeschäftes zu eröffnen, sind die Regelungen des Bereicherungsrechtes erforderlich:

Da es um die Rückgewähr einer vertraglichen Leistung geht, greift die sogenannte Leistungskondiktion ein gem. § 812 Abs. I S. 1, 1. Alt BGB: Brösel hat das Eigentum am Motorrad erlangt, infolge der Übereignung der Maschine durch den Blind.

Klausurtip: *Nicht korrekt wäre: „Brösel hat das Motorrad erhalten", da dann offenbliebe, was Brösel rechtlich gesehen erlangt hat; es könnte sich sowohl bloß um den Besitz als auch um das Eigentum handeln!*

Dies geschah auch durch eine Leistung des Blind, um seine Pflicht aus dem Kaufvertrag zu erfüllen. Da der Kaufvertrag aufgrund § 107 BGB unwirksam ist, erlangte Brösel das Eigentum auch ohne rechtlichen Grund. Folglich muß Brösel muß das Motorrad herausgeben, d. h. rückübereignen im Wege des § 929 S. 1 BGB!

II.) Vermögensverschiebung aufgrund Eingriffes

a) Der Begriff der Nichtleistungskondiktion

Jemand kann auch einen Vermögensvorteil erlangen, indem er ohne Berechtigung in das Vermögen einer Person eingreift, z. B. der Dieb erlangt den Besitz an fremden Sachen.

Der ursprüngliche Inhaber erhält ebenfalls einen Herausgabeanspruch. Da es sich hier nicht um die Herausgabe von Leistungen handelt, spricht man dementsprechend von **„Nichtleistungskondiktion"**. Sie ist in § 812 Abs. I S. 1, 2. Alt. BGB geregelt.

b) Beispiel

Hundefreund Arm hält sich einen Bernhardiner. Da dieser sehr gefräßig ist und von den Frolic-Tüten des Arm nicht satt wird, schleicht er sich oftmals in das Kühlhaus des benachbarten Metzgermeisters Grob ein und schleift regelmäßig eine Schweinehälfte nach Hause in seine Hütte.

Auch hier hat der Arm etwas erlangt = die Ersparnis von Futterkosten für den Hund. Allerdings liegt keine Leistung des Grob an Arm vor, so daß eine Herausgabe im Wege der Leistungskondiktion scheitert. Arm hat die Ersparnis allerdings „in sonstiger Weise" durch einen Eingriff des Hundes in das Eigentum des Grob erlangt.

Ein rechtlicher Grund fehlt, da zwischen Grob und Arm nie ein Fütterungsvertrag geschlossen wurde.

Rechtsfolge: Wertersatz gem. § 812 Abs. I S. 1, 2. Alt. i. V. m. § 818 Abs. II BGB.

D) Die wesentlichen Tatbestände des Bereicherungsrechts

I.) Der Tatbestand der Leistungskondiktion

a) Überblick

Die Leistungskondiktion gem. § 812 Abs. I Satz 1, 1. Alt. BGB setzt voraus:

Der Bereicherungsschuldner muß
- **etwas erlangt** haben

- **durch die Leistung** des Bereicherungsgläubigers und dies
- **ohne rechtlichen Grund**.

Rechtsfolge: Herausgabe des Erlangten

b) Die einzelnen Tatbestandsmerkmale der Leistungskondiktion

1.) Das Erlangte

(a) Der Begriff des Erlangten

Gegenstand der Bereicherung können Rechte aller Art sein, vor allem alle dinglichen und persönlichen Rechte (z. B. das Eigentum, der Besitz, ein Pfandrecht, eine einfache Forderung), aber auch alle vorteilhaften übrigen Rechtspositionen, z. B. ein Anwartschaftsrecht.

Erlangen kann man auch die Befreiung von einer Verbindlichkeit, Gebrauchs- oder Nutzungsvorteile z. B. Dienstleistungen, Nutzung von Autos u. s. w.

Klausurtip: *In der Fallbearbeitung ist stets darauf zu achten, daß das „Erlangte" korrekt herausgearbeitet und juristisch exakt benannt wird. Auch bei „Geld" wird entweder Besitz oder Eigentum **am** Geld „erlangt"!*

(b) Beispielsfall

(1.) Sachverhalt

Techno-Freak Dennis Mozart gibt nichts auf klassische Musik, sondern liebt eher „die volle Dröhnung". Daher kann er auch mit dem alten Cembalo von irgendeinem Großvater von ihm nichts anfangen, das er bei jedem Umzug lästigerweise auf dem Speicher verstauen muß. Eines Tages entdeckt Dennis Kumpel Jonny Trash das Instrument und erkennt sofort, daß dies nur von Amadeus Mozart persönlich stammen kann. Dem Dennis erklärt Jonny aber, das Cembalo sei nur noch gut für den Sperrmüll. Weil er das alte Teil aber „echt kultig" fände und noch zur Bierbar umbauen könne, biete er dem Dennis 500 DM und nimmt das Instrument gleich mit. Dennis findet das "korrekt" und ist froh, das Katzenmusikklavier los zu sein und auch noch „fettes Cash abgesahnt" zu haben.

Etwas später erfährt er zu seinem Erstaunen, daß das Cembalo einem gewissen Amadeus gehört habe und in Sammlerkreisen unproblematisch zwischen 700 000 - 800 000 DM gehandelt wird. Dennis will sein Cembalo zurück und ficht den Kaufvertrag an. Hat er einen Anspruch auf Herausgabe des Cembalo?

(2.) Lösungsskizze

Vertragliche Ansprüche:
Aufgrund der Täuschung besteht ein Anspruch aus Verschulden bei Vertragsabschluß (= culpa in contrahendo) auf Rückabwicklung des Kaufvertrages und Rückgabe des Cembalo.

Dingliche Ansprüche:
§ 985 BGB greift ein, da das Eigentum bei Jonny geblieben ist, vgl. unten.

Ansprüche aus unerlaubter Handlung:
Es besteht ein Anspruch aus § 823 Abs. II i. V. m. § 263 StGB auf Rückabwicklung des Kaufvertrages und Rückgabe der Kaufsache. Im Verhalten des Jonny liegt aufgrund der arglistigen Täuschung auch eine sittenwidrige Schädigung i. S. d. § 826 BGB, so daß auch hieraus ein Anspruch auf Rückabwicklung des Kaufvertrages und Rückgabe des Kaufgegenstandes entspringt.

Anspruch aus Leistungskondiktion gem. § 812 Abs. I Satz 1, 1. Alt. BGB:
Jonny müßte etwas erlangt haben. Er könnte das Eigentum am Cembalo erlangt haben.

Klausurtip: *Hier bloß nicht schreiben: „Jonny hat das Klavier erlangt", sondern um Benutzung juristischer Fachbegriffe bemühen!*

Eine Übereignung hat gem. § 929 Satz 1 BGB stattgefunden. Sie könnte aber gem. § 142 BGB unwirksam sein, da Dennis den Kaufvertrag wegen Täuschung angefochten hat. Diese Anfechtung ist gem. § 123 Abs. I BGB zulässig und fristgerecht gem. § 124 Abs. I BGB .

Klausurtip: *Beginne die Anfechtungsprüfung immer mit § 142 BGB und prüfe dann das Vorliegen von 1. Anfechtungsgrund, 2. Anfechtungserklärung (§ 143 BGB) gegenüber Anfechtungsgegner, 3. Anfechtungsfrist.*

Grundsätzlich gilt zwar aufgrund des Abstraktionsprinzips, daß die Unwirksamkeit des Kaufvertrages nicht die des Verfügungsgeschäftes betrifft.

In den Fällen der Anfechtung aus § 123 BGB geht man allerdings regelmäßig vom Vorliegen einer sogenannten Fehleridentität aus. Dies bedeutet, daß der fehlerhaft gebildete Wille sowohl dem Kaufvertrag als auch der Einigung über die Eigentumsübertragung zugrunde lag. Deshalb ist bei Anfechtung aus § 123 BGB nicht nur der Kaufvertrag, sondern auch der dingliche Vertrag nichtig. (Beachte aber, daß es sich hier wirklich nur um eine absolute Ausnahme handelt, die allerdings von Bedeutung ist! In allen anderen Fällen der Unwirksamkeit des Verpflichtungsgeschäftes außer § 123 BGB liegt grundsätzlich keine Fehleridentität vor. Deshalb im Normalfall hieraus kein Problem machen!)

Demnach hat Jonny kein Eigentum erlangt. Da er aber die Sachherrschaft über das Cembalo ausübt, hat er den Besitz erlangt. Diesen hat er auch <u>durch Leistung</u> des Dennis (dieser wollte den Vertrag erfüllen), aber <u>ohne rechtlichen</u> Grund (Der Kaufvertrag ist ebenfalls aus § 142 i. V. m § 123 Abs. I BGB nichtig!) erlangt.

Folglich hat Dennis einen Anspruch gegen Jonny aus Leistungskondiktion auf Wiedereinräumung des unmittelbaren Besitzes am Klavier.

2.) Die Leistung

Leistung ist jede

- **bewußte,**
- **zweckgerichtete**
- **Mehrung fremden Vermögens.**

(a) Das Bewußtsein der Vermögensmehrung

Es muß das <u>Bewußtsein</u> vorhanden sein, daß man fremdes Vermögen mehrt.
Daher liegt <u>keine Leistung</u> vor, wenn man ein fremdes Pferd füttert in der falschen Annahme, es sei das eigene. Ebensowenig, wenn Hausmeister Brumm versehentlich die eigenen Kohlen zum Heizen verwendet, anstelle der vom Hauseigentümer hierfür gekauften. In Betracht kommt in diesen Fällen nur die Nichtleistungskondiktion!

(b) Die Zweckrichtung der Vermögensmehrung

Die Vermögensmehrung ist dann zweckgerichtet, wenn sie auf die Erfüllung eines Rechtsgrundverhältnisses (z. B. Vertrag) abzielt. Der Zweck der Vermögensmehrung liegt demnach bei § 812 Abs. I S. 1, 1. Alt. BGB regelmäßig <u>in der Erfüllung einer Verbindlichkeit</u>.
Geleistet wird daher an denjenigen, demgegenüber eine Verbindlichkeit erfüllt werden soll. (Unerheblich ist, ob die Verbindlichkeit in Wahrheit besteht!)
Es ist hierfür danach zu fragen, wer Empfänger der Leistung im Rechtssinne ist, während es nicht darauf ankommt, an wen tatsächlich geleistet wird.
Hat sich beispielsweise Herr Hilfreich gegenüber Frau Prass vertraglich verpflichtet, deren Schulden beim Bankinstitut Wucher zu begleichen, ist der Empfänger des Geldes das Kreditinstitut. Erfüllt wurde aber die Pflicht des Hilfreich gegenüber seiner Vertragspartnerin Frau Prass, deren Schulden zu bezahlen waren, so daß auch nur dieser gegenüber die Leistung erfolgte. Erlangt hat Frau Prass in diesem Fall die Befreiung von einer Verbindlichkeit.

Beispiel:
Kaufmann Sauber schuldet dem Lieferanten Ebel 4500 DM aus einer Obstsendung. Sauber weist daher seine Hausbank an, dem Ebel die 4500 DM zu überweisen.
Zwischen welchen Beteiligten kommt eine Leistungsbeziehung zustande?

Die Bank hat zwar bewußt das Vermögen des Ebel gemehrt, aber nicht zu dem Zweck dessen Vermögen zu vergrößern, sondern um die eigene Pflicht aus dem Kontovertrag mit Kaufmann Sauber zu erfüllen.

Die Bank hat somit nur eine Leistung gegenüber Sauber erbracht: Sie hat bewußt sein Vermögen gemehrt, indem sie Sauber von seiner Verbindlichkeit gegenüber Ebel befreit hat. Der Zweck des Handelns der Bank bestand gerade in der Mehrung des Vermögens des Sauber, da sie ihre Pflicht aus ihrem Kontovertrag mit Sauber erfüllen wollte.

Sauber hat eine Leistung an Ebel erbracht:
Er hat bewußt das Vermögen des Ebel um 4500 DM vermehrt. (Daß sich Sauber dabei der Bank als Übermittler bedient, spielt keine Rolle.)
Diese Vermögensmehrung entsprach auch dem Zweck, die eigene Verbindlichkeit gegenüber Ebel zu erfüllen.

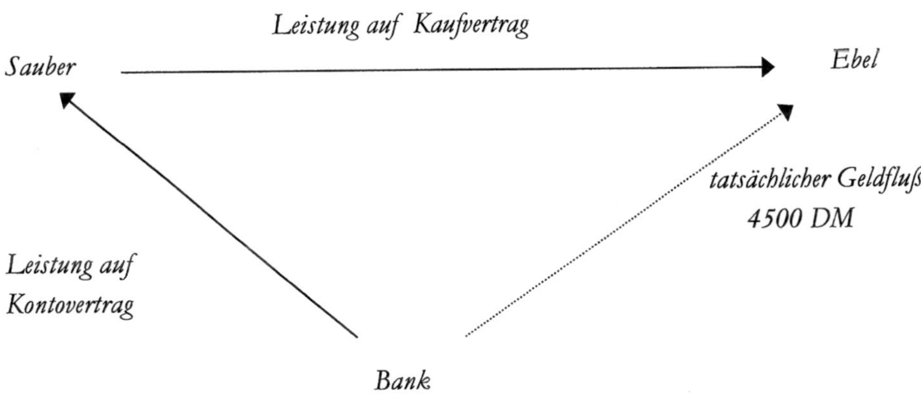

Klausurtip: *Eine Leistung liegt im Regelfall immer dann vor, wenn etwas an jemanden gegeben wird, um einen Vertrag zu erfüllen. Geleistet wird von der einen Vertragspartei an die andere. Wer die Leistung letztlich erhält, ist unerheblich.*
Folglich: Wurde ein Vertrag geschlossen, ist die Nichtleistungskondiktion im Regelfall ausgeschlossen!

3.) Das Fehlen des rechtlichen Grundes

Der rechtliche Grund fehlt immer dann, wenn das der Leistung zugrunde liegende Schuldverhältnis unwirksam ist. Bei dem Schuldverhältnis handelt es sich im Regelfall um einen Vertrag, denkbar ist aber auch ein gesetzlichen Schuldverhältnis.

Beispiel:

Richi walzt versehentlich mit seinem neuen Harley-Motorrad einen Dackel platt. Um keinen Ärger zu bekommen, drückt er Oma Gretchen, die zufällig in der Nähe stand und ganz erschrocken zuschaute, 100 DM als Schadensersatz in die Hand. Später erfährt Richi, daß der Dackel in Wirklichkeit dem Förster Falkenau gehörte.

Richi kann hier das Geld von Oma Gretchen aus § 812 I Satz 1, 1. Alt. BGB zurückverlangen:

Richi wollte den Schadensersatzanspruch des Tierhalters, der in seinem Eigentum am Dackel verletzt wurde (Substanzverletzung) aus § 823 Abs. I BGB erfüllen. Die Leistung erhielt Oma Gretchen, da Richi sie als Inhaberin des Schadensersatzanspruches ansah und auf diese gesetzliche Verbindlichkeit leistete. In Wirklichkeit stand Gretchen kein Schadensersatzanspruch aus unerlaubter Handlung zu, so daß sie das Eigentum am Geld ohne rechtlichen Grund erlangt hat.

Man unterscheidet beim Fehlen des rechtlichen Grundes zwei Gruppen:

(a) Der rechtliche Grund fehlt von Anfang an: § 812 Abs. I Satz 1, 1. Alt. BGB

Auf diesem Wege werden Leistungen rückabgewickelt, die auf einem wegen Geschäftsunfähigkeit (§ 105 i. V. m. § 104 BGB) oder wegen Minderjährigkeit (§ 108 i. V. m. § 107 BGB) ungültigen Geschäft beruhen.

Ebenso Geschäfte, die wegen Formverstoßes unwirksam sind (§ 125 BGB; beachte Ausnahme des § 313 Satz 2 BGB!).

Wegen der Rückwirkungsfiktion der Anfechtung gem. § 142 I BGB gehört hierhin auch die Rückabwicklung des Erfüllungsgeschäftes wegen Anfechtung des Verpflichtungsgeschäftes. Bei Anfechtung gilt der Vertrag als „ex-tunc" nichtig (= <u>von Anfang an</u> unwirksam).

Weiterhin gehören hierhin Verträge, die gem. §§ 134, 138 BGB nichtig sind.

Beispiel:

Der unerkannt geisteskranke Ed von Schleck kauft einen Eisautomaten von Antonio Dolomiti. Dolomiti übereignet den Automaten auch. Was hat Ed erlangt?

Ed hat nur den Besitz an dem Automaten erlangt. Gem. § 105 I i. V. m. § 104 Nr. 2 BGB ist jede Willenserklärung des Ed nichtig, somit auch seine Einigung über den Eigentumsübergang nach § 929 Satz 1 BGB und nicht nur der Kaufvertrag!

Kann Antonio seinen Eisautomaten zurückverlangen?

Antonio hat einen Anspruch auf Wiedereinräumung des unmittelbaren Besitzes aus § 985 BGB, da er Eigentümer geblieben ist

Antonio kommt zudem ein Anspruch aus § 812 Abs. I Satz 1, 1. Alt. BGB zu, da Ed den Besitz ohne rechtlichen Grund, aufgrund der Nichtigkeit des Kaufvertrages von Anfang an gem. § 105 Abs. I i. V. m. § 104 Nr. 2 BGB, erlangt hat!

(b) Der rechtliche Grund fällt später weg: § 812 Abs. I Satz 2, 1. Alt. BGB

Diese Gestaltung liegt beispielsweise vor, wenn der Rechtsgrund aufgrund auflösender Bedingung wegfällt gem. § 158 Abs. II BGB, oder wenn die Geschäftsgrundlage nachträglich weggefallen ist.

<u>*Klausurtip:*</u> *Es ist unbedingt zwischen dem Wegfall des rechtlichen Grundes und dem Rücktritt vom Vertrag zu unterscheiden. Im Fall der Ausübung eines Rücktrittsrechtes greift nicht das Bereicherungsrecht ein, sondern es entsteht ein <u>eigenes vertragliches Rückabwicklungsverhältnis</u>, für das die Sonderregelungen der §§ 346 ff. BGB gelten!*

II.) Die Nichtleistungskondiktionen

a) Die Eingriffskondiktion gem. § 812 Abs. I S. 1, 2. Alt. BGB: Bereicherung „in sonstiger Weise"

1.) Überblick

Die Eingriffskondiktion des § 812 Abs. I S. 1, 2. Alt. BGB setzt voraus:

- **Subsidiarität**
- **etwas erlangt**
- **in sonstiger Weise**
- **auf Kosten eines anderen**
- **ohne rechtlichen Grund**
  Rechtsfolge: Herausgabe des Erlangten

2.) Die einzelnen Tatbestandsmerkmale des § 812 Abs. I S. 1, 2. Alt. BGB

(a) Der Grundsatz der Subsidiarität

(1.) Inhalt

Bei der Prüfung bereicherungsrechtlicher Ansprüche gilt: Die Leistungskondiktion hat bei der Prüfungsreihenfolge immer den Vorrang vor der Nichtleistungskondiktion!

Erst wenn festgestellt wird, daß keine Leistung vorliegt, darf die Nichtleistungskondiktion geprüft werden.

Beispiel:

Susi Sorglos überläßt ihrem Freund Jonny Joint für dessen Mega-Raver-Party aus Gefälligkeit ihre Stereoanlage. Da Jonny an nächsten Tag dringend einen Stoß Exstasy-Pillen braucht, verkauft er die Anlage an seinen gutgläubigen Kumpel Kalle für 2000 DM. Susi ist empört und verlangt die Anlage von Kalle heraus.

Besitzt Susi einen Anspruch aus Nichtleistungskondiktion gem. § 812 Abs. I Satz 1, 2. Alt. BGB ?

Grundsätzlich sind die Voraussetzungen für eine Nichtleistungskondiktion, § 812 I Satz 1, 2. Alt. gegeben:

Kalle hat Eigentum gem. § 929 S. 1 i. V m. § 932 BGB (§ 935 greift nicht, da Susi die Anlage freiwillig an Jonny gegeben hat!) und den unmittelbaren Besitz an der Anlage erlangt.

Da Susi nicht an Kalle geleistet hat (es bestand keine vertragliche Verpflichtung zur Überlassung der Anlage), liegt bei diesem eine Bereicherung „in sonstiger Weise" auf Kosten der Susi vor.

Problem: *Kalle hat das Eigentum aufgrund einer <u>Leistung</u> (= bewußte, zweckgerichtete Mehrung fremden Vermögens) des Jonny erhalten (Jonny wollte den Kaufvertrag mit Kalle erfüllen!).*

Wurde der Bereicherungsgegenstand (= Stereoanlage) aber an den Bereicherungsschuldner (— Kalle) <u>geleistet</u>, so findet hinsichtlich eines <u>geleisteten</u> Bereicherungsgegenstandes die Nichtleistungskondiktion keine Anwendung mehr!

Zur Beachtung:

Wurde der Bereicherungsgegenstand als Leistung erbracht (fand demnach die Bereicherung im Rahmen der Erfüllung der Verbindlichkeit aus irgendeinem Schuldverhältnis statt) scheidet gegen den Leistungsempfänger die Nichtleistungskondiktion aus! (Siehe aber auch unten!)

(2.) Begründung

Der Subsidiaritätsgrundsatz dient dem Schutz der Vertragsparteien. Wer als Vertragspartner eine Leistung empfängt, soll darauf vertrauen dürfen, daß diese Leistung auch nur vom anderen Vertragspartner kondiziert, d. h. herausverlangt werden kann und nicht gegenüber unbekannten Dritten eine plötzliche Herausgabeverpflichtung besteht.

Außerdem soll der zur Herausgabe Verpflichtete eventuelle Einwendungen, die er noch gegen den anderen Vertragspartner hat (z. B. Zurückbehaltungsrechte), auch geltend machen können. Könnte jeder Dritte kondizieren, gingen solche Einwendungen verloren.

Bei den Fällen des gutgläubigen Erwerbs ist zudem zu beachten, daß das Sachenrecht, das die rechtliche Zuordnung von Sachen regelt, die gesetzliche Entscheidung getroffen hat, daß der gutgläubige Erwerber Eigentum erlangen können soll. Dieser sachenrechtliche Grundsatz darf nicht durch die schuldrechtlichen Vorschriften des Bereicherungsrechts ausgehebelt werden!

Zur Beachtung:

Hätte Jonny Joint die Anlage gestohlen und dann dem Kalle verkauft, läge <u>keine</u> Leistung von Jonny an Kalle vor: Eine Leistung bezieht sich regelmäßig auf die Erfüllung einer Verbindlichkeit. Dafür muß diese Verbindlickkeit aber auch tatsächlich mit der Leistung erfüllt werden können. Jonny konnte aber seiner Verpflichtung aus dem Kaufvertrag zur Eigentumsübertragung wegen § 935 BGB gar nicht nachkommen! Er könnte nur Besitz verschaffen. Daher liegt keine Leistung vor!

Dies erscheint konsequent angesichts des   § 985 BGB, wonach der Eigentümer ohnehin das Eigentum von jedem unberechtigten Nichteigentümer herausverlangen kann. Es läßt sich daher sagen: Kann der Leistungsgegenstand noch nach § 985 BGB herausverlangen bzw. ist der Bereicherungsgläubiger Eigentümer des Bereicherungsgegenstandes geblieben, liegt keine Leistung vor.

In diesem Fall könnte Susi die Rückübertragung des Besitzes an der Anlage daher direkt von Kalle herausverlangen aus Eingriffkondiktion gem. § 812 Abs. I Satz 1, 2. Alt. BGB!

(b) Das Erlangte

Diesbezüglich wird auf die Ausführungen zur Leistungskondiktion verwiesen.

Klausurtip: *Wurde nur der Besitz erlangt, gehen die §§ 858 ff. insb. § 861 BGB (Verbotene Eigenmacht) sowie § 1007 BGB als Spezialregelungen in der Prüfungsreihenfolge dem Bereicherungsrecht vor!*

(c) Die Erlangung "in sonstiger Weise"

In „sonstiger Weise" kommt es zur Bereicherung, wenn die Bereicherung nicht durch Leistung erfolgt.
Im Regelfall liegt statt einer Leistung ein Eingriff vor (= Beeinträchtigung von Rechtspositionen des Bereicherungsgläubigers ohne dessen Willen).
Die Nichtleistungskondiktion wird aus diesem Grund auch **Eingriffskondiktion** genannt!

Die drei Arten der Eingriffe:

- Ein Eingriff kann **durch den Bereicherten** erfolgen, z. B. durch unerlaubte Handlungen: Nutzung, Ge- oder Verbrauch fremder Sachen (Dieb).

- Der Eingriff kann auch **durch den Entreicherten** (= den Bereicherungsgläubiger) selbst erfolgt sein, z. B. bei irrtümlicher Verwendung eigener Sachen für fremde Zwecke. Beispiel: Wer eine fremde Katze in Pflege hat und sie füttert in dem Glauben, es handele sich um das Futter, das der Eigentümer der Katze für die Pflegezeit mitgegeben hat, in Wahrheit wird jedoch versehentlich das Futter der eigenen Katze verwendet, nimmt selbst einen Eingriff in eigene Rechtspositionen (= das Eigentum am eigenen Futter) vor.

- Schließlich kann ein Eingriff **durch unbeeinflußte natürliche Vorgänge** eintreten: Die Kühe von Bauer Mager springen über den Zaun auf die blühende Kleeblattwiese von Bauer Saftig und weiden dort weiter.

(d) Die Erlangung "auf Kosten" eines anderen

Dieses Merkmal liegt vor, wenn die Bereicherung unmittelbar (= in einem Vorgang) durch den Eingriff erfolgt.

Klausurtip: Dieses Tatbestandsmerkmal ist im Regelfall mit keinem Problem verknüpft und sollte daher bei der Prüfung lediglich bejaht werden: „ Die Bereicherung erfolgte auch auf Kosten des X“. (Bei der Leistungskondiktion wird dieses Merkmal nach moderner Rechtsauffassung nicht mehr geprüft!)

(e) Erlangung "ohne rechtlichen Grund"

Der Bereicherungsgegenstand muß nach der rechtlichen Zuordnung einem anderen gehören, und es darf keine Einwilligung des Berechtigten vorliegen!

b) Die Eingriffskondiktion bei Nichtberechtigten gem. § 816 BGB

Die Nichtleistungskondiktion hat eine weitere Ausprägung in Form des § 816 BGB.
Bei ihm gilt der Subsidiaritätsgrundsatz <u>nicht</u> !!!
Die Nichtleistungskondiktionen aus § 816 BGB können daher auch neben der Leistungskondiktion zum Tragen kommen.

Die Nichtleistungskondiktionen des § 816 BGB gelten zudem als spezielle Ausprägungen der Nichtleistungskondiktion des § 812 Abs. I Satz 1, 2. Alt. BGB, so daß sie stets <u>vor</u> letzterer zu prüfen sind.

Klausurtip:
Prüfe daher in der Reihenfolge:
1.) Leistungskondiktion
2.) Nichtleistungskondiktionen aus § 816 BGB, die auch neben der Leistungskondiktion eingreifen können
Erst wenn weder 1.), noch 2.) eingreifen, prüfe
3.) Nichtleistungskondiktion aus § 812 Abs. I S. 1, 2. Alt. BGB

Folgende drei Konstellationen sind bei § 816 BGB zu unterscheiden:

1.) § 816 Abs. I Satz 1 BGB: Eingriffskondiktion bei wirksamen, <u>entgeltlichen</u> Verfügungen eines Nichtberechtigten

(a) Überblick über den Tatbestand des § 816 Abs. I Satz 1 BGB

Die Tatbestandsvoraussetzungen des § 816 Abs. I Satz 1 BGB sind:

- **Vorliegen einer Verfügung**
- **seitens eines Nichtberechtigten**
- **Wirksamkeit der Verfügung gegenüber dem Berechtigten**
- **Entgeltlichkeit der Verfügung**

Rechtsfolge: Der Berechtigte erhält gegen den Nichtberechtigten einen Anspruch auf Herausgabe des vom Nichtberechtigten durch die wirksame Verfügung Erlangten.

Dies gilt sowohl, wenn der Wert des Erlangten niedriger ist als der Wert der Sache, über die verfügt wurde, aber auch, wenn der Wert des Erlangten wesentlich höher ist, als der Wert der Sache. Entscheidend ist allein, was der Nichtberechtigte „erlangt" hat!

(b) Die einzelnen Tatbestandsmerkmale des § 816 Abs. I Satz 1 BGB

(1.) Das Vorliegen einer Verfügung

Eine Verfügung ist jedes Rechtsgeschäft, das darauf gerichtet ist, auf ein <u>bestehendes</u> Recht einzuwirken, d. h., es inhaltlich zu verändern, zu belasten, zu übertragen oder aufzuheben.
Beispiele: Übertragung von Eigentum. Belastung des Eigentums mit einem Pfandrecht.
Die Begründung eines Rechtes ist demnach keine Verfügung, da es bis zur Begründung gar nichts gibt, über das verfügt werden kann!

(2.) Verfügung eines Nichtberechtigten

Nichtberechtigter ist, wer weder eine Verfügungsmacht über das Recht eingeräumt bekommen hat, noch zu einer Verfügung über das Recht ermächtigt ist i. S. d. § 185 Abs. I BGB!

(3.) Die Wirksamkeit der Verfügung gegenüber dem Berechtigten

Die Wirksamkeit einer Verfügung eines Nichtberechtigten kann gegenüber dem Berechtigten eintreten
- bei Rechtserwerb kraft guten Glaubens (z. B. gem. § 929 S. 1 i. V. m. § 932 BGB)

- bei nachträglicher Genehmigung durch den Berechtigten gem. § 185 Abs. II BGB.

(4.) Die Entgeltlichkeit

Entgeltlichkeit bedeutet, daß eine Gegenleistung vorliegen muß.

(c) Beispielsfall

Abwandlung des Susi Sorglos - Fall, vgl. oben. Zur Erinnerung: Susi Sorglos überläßt ihrem Freund Jonny Joint für dessen Mega-Raver-Party aus Gefälligkeit ihre Stereoanlage. Da Jonny an nächsten Tag dringend einen Stoß Exstasy-Pillen braucht, verkauft er die Anlage an seinen gutgläubigen Kumpel Kalle für 2000 DM. Susi ist empört und verlangt die Anlage von Kalle heraus. Die Anlage der Susi ist nur 1000 DM wert. Kann Susi die Herausgabe der 2000 DM von Jonny verlangen?

Susi hat gegen Jonny einen Anspruch auf Herausgabe der 2000 DM aus § 816 Abs I Satz 1:
„Verfügung": Liegt in der Übertragung des Eigentums durch Jonny an Kalle.
„Eines Nichtberechtigten": Jonny war weder Eigentümer, noch zur Verfügung ermächtigt.
„Wirksamkeit der Verfügung gegenüber dem Berechtigten": Kalle erwarb kraft guten Glaubens Eigentum gem. § 929 Satz 1 i. V. m. § 932 BGB.
„Entgeltlichkeit": Kalle mußte eine Gegenleistung, den Kaufpreis in Höhe von 2000 DM, erbringen
Susi kann die Herausgabe des gesamten Verkaufserlöses i. H. v. 2000 DM verlangen: Es spielt keine Rolle, daß die Anlage nur 1000 DM wert war, der Erlös aber 2000 DM beträgt, denn der Anspruch aus § 816 Abs. I Satz 1 BGB bezieht sich auf das gesamte "Erlangte".

2.) § 816 Abs. I Satz 2 BGB: Eingriffskondiktion bei wirksamen, <u>unentgelt-lichen</u> Verfügungen eines Nichtberechtigten

(a) Überblick über den Tatbestand des § 816 Abs. I Satz 2 BGB

Die Tatbestandsvoraussetzungen des § 816 Abs. I Satz 2 BGB sind:

- **Vorliegen einer Verfügung**
- **seitens eines Nichtberechtigten**
- **Wirksamkeit der Verfügung gegenüber dem Berechtigten**
- **Unentgeltlichkeit der Verfügung**

Rechtsfolge: Es entsteht ein Anspruch auf Herausgabe des Erlangten <u>gegen den, der unmittelbar einen rechtlichen Vorteil aus der Verfügung erlangt hat</u> (= den Empfänger des Gegenstandes, über den verfügt wurde)!

Gegenüber dem Fall der entgeltlichen Verfügung des § 816 Abs. I S. 1 BGB liegen demnach zwei Abweichungen vor:

- Es geht nicht um einen Anspruch gegen den Verfügenden, sondern es soll der Vorteil beim letztendlichen Empfänger der Bereicherung abgeschöpft werden!
- Die Verfügung ist unentgeltlich.

(b) Gründe für die Regelung des § 816 Abs. I Satz 2 BGB

Nimmt ein Nichtberechtigter wirksam eine Verfügung an einen Dritten ohne Ent-gelt vor, scheidet gegen den Nichtberechtigten ein Anspruch gem. § 816 Abs. I S. 1 BGB aus, da der Nichtberechtigte nichts erlangt hat.
Eine Eingriffskondiktion gegen den Dritten gem. § 812 Abs. I Satz 1, 2. Alt. BGB greift dann nicht ein, wenn der Dritte das Eigentum an der Sache durch Leistung des Nichtberechtigten erlangt hat (z. B. aufgrund eines Schenkungsvertrages) und

daher gegen den Dritten die Eingriffskondiktion aus § 812 I Satz 1, 2. Alt. BGB aufgrund des Grundsatzes der Subsidiarität nicht eröffnet ist.

Dieses Ergebnis ist allerdings nicht befriedigend, da bei einer unentgeltlichen Verfügung der Dritte kein Vermögensopfer erlitten hat (er mußte keine Gegenleistung erbringen) und er daher nicht schutzwürdig erscheint.

Aus diesem Grunde eröffnet das Gesetz die Möglichkeit einer direkten Durchgriffskondiktion des Berechtigten gegen den Dritten in § 816 Abs. I Satz 2 BGB.

(c) Beispielsfall

Abwandlung Susi-Sorglos-Fall: Susi hat Jonny die Stereoanlage geliehen. Jonny hat sie aber dem Kalle nicht verkauft, sondern aufgrund seiner guten Laune auf der Party geschenkt. Hat Susi einen Herausgabeanspruch gegen Kalle bezüglich der Anlage?

Susi besitzt einen Anspruch auf Rückübereignung der Anlage aus § 816 Abs. I Satz 2 BGB gegen Kalle:
Jonny hat als Nichtberechtigter über das Eigentum der Susi verfügt.
Die Verfügung war aufgrund Gutglaubenserwerbes durch den Kalle wirksam (§ 929 Satz 1 i. V. m. § 932 BGB). Allerdings erfolgte die Verfügung aufgrund der Schenkung unentgeltlich, so daß die Durchgriffskondiktion aus § 816 Abs. I S. 2 BGB gegen Kalle eingreifen kann.

3.) § 816 Abs. II BGB: Eingriffskondiktion bei wirksamer Leistung an einen Nichtberechtigten

(a) Die Tatbestandsvoraussetzungen des § 816 Abs. II BGB

Die Tatbestandsvoraussetzungendes § 816 Abs. II BGB sind:

- **Eine dem Berechtigten gegenüber wirksame Leistung**

- **an einen Nichtberechtigten.**

Rechtsfolge: Herausgabepflicht des Nichtberechtigten an den Berechtigten.

(b) Standardanwendungsfall

Werkzeughersteller Ottfried Hammer schuldet der Maschinenbaufirma Knatter aus dem Kauf einer Fräsmaschine 50 000 DM. Da Hammer nicht darüber informiert wird, daß Knatter die Kaufpreisforderung längst an die Kreissparkasse abgetreten hat, um dort eigene Schulden zu begleichen, zahlt Hammer das Geld direkt an Knatter aus.
Von wem kann die Kreissparkasse ihr Geld erhalten?

Grundsätzlich gilt, daß mit der Abtretung einer Forderung gem. § 398 BGB der Abtretungsempfänger als neuer Gläubiger an die Stelle des alten Gläubigers tritt. Demnach wäre die Sparkasse die neue Gläubigerin. Um sich von seiner Leistungspflicht zu befreien, müßte Hammer gem. § 362 Abs. I BGB an die neue Gläubigerin zahlen.
Eine Ausnahme bestimmt aber § 407 BGB: Der Schuldner kann bis zur Kenntnis von der Abtretung an den alten Gläubiger zahlen und wird trotzdem von seiner Zahlungsverpflichtung befreit. Grund: Oftmals weiß der Schuldner nichts von der Abtretung und soll dann nicht schutzlos sein.
Die Zahlung (= Leistung) ist daher der Bank als Berechtigter gegenüber wirksam, auch wenn das Geld einem mittlerweile Unberechtigten überlassen wurde.
Die Sparkasse kann aber das Geld gem. § 816 Abs. II BGB von Knatter herausverlangen, da dieser beim Empfang des Geldes aufgrund seiner Forderungsabtretung Unberechtigter war.
§ 407 BGB fingiert lediglich die Schuldbefreiung des ahnungslosen Schuldners, aber nicht das Fortbestehen der Berechtigung des Altgläubigers!

<u>Klausurtip:</u> *Das Verständnis des § 816 Abs. I, II BGB fällt schwer, solange man sich lediglich versucht, die Tatbestandsmerkmale zu merken. Besser ist, sich das Eingreifen des § 816 BGB anhand der hier vorgestellten Standardfälle einzuprägen.*
Es ist zusammenfassend zu merken:

- *Hat jemand etwas kraft guten Glaubens erworben und soll es herausgegeben werden, stets an § 816 Abs. I oder II BGB denken!*
- *Geht es um eine Rückzahlung von Geld nach einer Forderungsabtretung,, unbedingt § 816 Abs. II BGB prüfen!*

E) Der Umfang des Bereicherungsanspruches

I.) Übersicht über das Regelwerk der Herausgabepflichten

Die Ansprüche des Bereicherungsrechts zielen alle auf die Herausgabe des Erlangten. Hierfür muß genau festgestellt werden, was "erlangt" wurde.
Ist der Bereicherungsgegenstand (= das Erlangte) noch vorhanden, ist er herauszugeben. Daneben regelt § 818 BGB ergänzend die Fragen:
- Sind Nutzungen des Bereicherungsgegenstandes zu ersetzen?
- Was ist herauszugeben, wenn der Bereicherungsgegenstand untergegangen ist?

Über § 818 BGB kommt es daher zu folgendem feinen Regelwerk:

- **Ist der Bereicherungsgegenstand noch vorhanden gilt**: Einfache Herausgabe in Natur und eventuell gem. § 818 Abs. I BGB: Zusätzliche Herausgabe von Nutzungen.

- **Ist der Bereicherungsgegenstand nicht mehr vorhanden**, ist zu prüfen, ob der Bereicherungsschuldner hierfür eine Ersatzleistung erhielt. Gem. § 818 Abs. I BGB ist dann diese herauszugeben.

- Ist der Empfänger der Bereicherung (aufgrund subjektiver oder objektiver Unmöglichkeit) außerstande, den Bereicherungsgegenstand in Natur, oder die Nutzungen oder Surrogate i. S. d. § 818 Abs. I BGB herauszugeben, hat er gem. § 818 Abs. II BGB Wertersatz zu leisten.

- Gem. § 818 Abs. III BGB sind jedoch sämtliche Ansprüche auf Herausgabe oder Wertersatz in ihrem Umfang auf die noch vorhandene bzw. fortbestehene Bereicherung beschränkt.

- Diese Beschränkung ist gem. § 818 Abs. IV i. V. m. § 819 BGB ab dem Zeitpunkt aufgehoben, ab dem der Bereicherungsempfänger das Fehlen des rechtlichen Grundes für seine Bereicherung kannte oder auf Herausgabe verklagt wurde.

Klausurtip: *Der Umfang der Bereicherung ist bei allen Kondiktionen zu überprüfen und immer in der hier abgehandelten Reihenfolge.*

II.) Einzelfragen des Umfangs des Herausgabeanspruchs

a) Die Herausgabe in Natur

Grundsätzlich ist Ziel des Bereicherungsanspruches die „Herausgabe" des Erlangten „in Natur".

Es muß daher stets genau festgestellt werden, was erlangt wurde, denn danach richtet sich, was und wie herauszugeben ist:

Erlangt:	Herausgabe durch:
Eigentum	Rückübereignung, §§ 929 ff. BGB
Besitz	Wiedereinräumung der Sachherrschaft
Forderung	Rückabtretung, §§ 398 ff. BGB

b) Die Herausgabe von Nutzungen und Surrogaten gem. § 818 Abs. I BGB

1.) Nutzungen

Gem. § 818 Abs. I BGB sind <u>zusätzlich</u> neben dem Bereicherungsgegenstand auch die gezogenen Nutzungen (vgl. § 100 BGB) herauszugeben, z. B. die erlangten Zinsen.

(a) Der Begriff der Nutzungen

Die Nutzungen teilen sich gem. § 100 BGB in die Gebrauchsvorteile und die Früchte i. S. d. § 99 BGB auf.

(1.) Gebrauchsvorteile

Diese können materieller Natur sein (z. B. der Gewinn aus einem Unternehmen), oder auch immaterieller Natur (z. B. die Benutzung eines Grundstückes im Naturschutzgebiet). Beachte: Keine Nutzung ist der Ertrag der rechtsgeschäftlichen Verwertung einer Sache (= Kaufpreis)!

(2.) Früchte

Die Früchte wiederum sind zu unterteilen in Sachfrüchte und Rechtsfrüchte.
Unmittelbare Sachfrüchte sind die Erzeugnisse der Sache (z. B. alle Tier und Bodenprodukte wie Milch, Eier, Küken, Obst) aber auch die Ausbeute der Sache (z. B. Kohle, Kies, Gold, Quellwasser).
Mittelbare Sachfrüchte sind solche Früchte, die aus der Sache aufgrund eines auf Nutzung oder Gebrauch gerichteten Rechtsverhältnisses gezogen werden können, z. B. der Mietzins aus dem Mietshaus.
Unmittelbare Rechtsfrüchte sind die Erträge aus einem Recht. Insbesondere stellen Sachfrüchte, die aufgrund Pacht- oder Nießbrauchrechtes gezogen werden,

zugleich unmittelbare Rechtsfrüchte dar, z. B. Tannenbäume aus dem Wald des Waldpächters, insbesondere die Zinsen aus einer Darlehensforderung.

(Mittelbare Rechtsfrüchte sind solche Rechtsfrüchte, die aus einem Recht aufgrund eines auf dessen Nutzung gerichteten Rechtsverhältnisses gezogen werden können, z. B. der Untermietzins).

(b) Der Umfang der Herausgabe von Nutzungen

Bestehen die Nutzungen in Gebrauchsvorteilen, können sie nicht in Natur herausgegeben werden. In diesem Fall ist gem. § 818 Abs. II BGB Wertersatz zu leiten, so beispielsweise für den Gebrauch eines Fahrzeuges.

Es sind nur die Nutzungen zu ersetzen, die tatsächlich erlangt wurden, nicht solche, die rein theoretisch hätten erlangt werden können. Hat demnach jemand Geld herauszugeben, sind, nur die mit dem Geld tatsächlich erzielten Zinsen mit herauszugeben.

Wurde das Geld aber bei keiner Bank deponiert, können keine rein theoretisch möglichen Zinsgewinne herausverlangt werden. (Es geht im Bereicherungsrecht eben immer nur um die Abschöpfung des tatsächlich Erlangten, nicht um Schadensersatz!)

2.) Surrogate

(a) Der Begriff des Surrogats

Ist die Herausgabe des Bereicherungsgegenstandes in Natur nicht mehr oder nur noch eingeschränkt möglich, ist das herauszugeben, was eventuell als Ersatz für den (teilweise) untergegangenen Bereicherungsgegenstand erlangt worden ist (= Surrogat):

Wurde beispielsweise eine Forderung ohne rechtlichen Grund erlangt und wurde diese Forderung vom unberechtigten Inhaber eingezogen, so hat er das erlangte Geld herauszugeben. Ebenso der bei der unberechtigten Verwertung eines Pfandrechtes erzielte Erlös.

Wurde ein Fahrzeug erlangt, das in der Zwischenzeit bei einem Unfall zerstört wurde, so ist die eventuell erlangte Schadensersatzsumme für das Fahrzeug als Ersatz herauszugeben.

Zu den Surrogaten gehören nur solche, die der Bereicherungsschuldner „auf Grund eines erlangten Rechtes oder als Ersatz für die Zerstörung, Beschädigung oder Entziehung des erlangten Gegenstandes erwirbt". Dies bedeutet zugleich, daß das, was der Bereicherungsschuldner auf Grund eines Rechtsgeschäftes mit dem Bereicherungsgegenstand erwirbt (= rechtsgeschäftliches Surrogat) grundsätzlich nicht herauszugeben ist.

Hier helfen nur die Ansprüche aus § 816 BGB weiter, bei denen alles, was aus der Verfügung erlangt wurde, somit auch ein Kaufpreis, herauszugeben ist!

(b) Verhältnis der Herausgabe der Surrogate aus § 818 Abs. I BGB zu § 818 II BGB

Die Herausgabe der Surrogate geht dem Wertersatz des § 818 Abs. II BGB vor. Ist der Bereicherungsgegenstand beispielsweise (teilweise) zerstört und hat der Bereicherungsschuldner hierfür einen Schadensersatzanspruch erlangt, so ist kein Wertersatz für den untergegangenen Gegenstand zu leisten, sondern es ist <u>nur</u> der Schadensersatzanspruch als Surrogat an den Bereicherungsgläubiger abzutreten!

Auch hier wird der Gedanke deutlich, daß durch Bereicherungsansprüche lediglich herausverlangt werden kann, was wertmäßig an Bereicherung noch vorhanden ist.

Setzt sich daher die Existenz des Bereicherungsgegenstandes in einem an seine Stelle getretenen Schadensersatzanspruch fort, bleibt es bei dessen Herausgabe.

Der Wertersatz nach § 818 Abs. II BGB tritt erst ein, wenn der Bereicherungsgegenstand <u>ersatzlos</u> untergegangen ist.

c) Die Leistung von Wertersatz gem. § 818 Abs. II BGB

1.) Die Bedeutung des § 818 Abs. II BGB

Ist die Herausgabe in Natur nicht möglich und wurde kein Ersatz für den Bereicherungsgegenstand i. S. d. § 818 Abs. I BGB erlangt, so ist Wertersatz zu leisten.

Keine Herausgabe in Natur ist möglich

- wenn der Bereicherungsgegenstand bspw. wegen Zerstörung oder Verkauf nicht mehr beim Bereicherungsschuldner vorhanden ist,
- wenn der Bereicherungsgegenstand aufgrund seiner Beschaffenheit nicht in Natur herausgegeben werden kann, z. B. bei empfangenen Dienstleistungen.

Der Wertersatz bezieht sich stets auf den <u>Verkehrswert</u> der Sache, nicht auf einen eventuell erzielten Verkaufserlös!
Wurde ein Erlös erzielt, der unter dem Verkehrswert liegt, so ist der Erlös herauszugeben zuzüglich der Differenz zum Verkehrswert!
Wurde ein Erlös erzielt der über dem Verkehrswert liegt, bleibt es gem. § 818 Abs. II BGB beim Verkehrswert; Abhilfe hier über § 816 Abs. I BGB, vgl. oben!

2.) Beispielsfall zum Zusammenspiel von §§ 818 Abs. I, II und § 816 BGB

(a) Sachverhalt

Als Antiquitätenhändler Klaus Bieder in neue Geschäftsräume umzieht, muß er einen Teil der alten Möbel vorübergehend auf dem Gehweg lagern. Diese Chance nutzt der Wanderhändler Jack Hunter, um eine Barockkommode im Wert von 20 000 DM in seinen Kombi einzuladen. Auf dem nächsten Trödelmarkt verkauft er die Kommode für 25 000 DM. Klaus Bieder, der sich ebenfalls zufällig auf dem Markt umschaut, erkennt den Jack als Dieb wieder. Da sie den

Käufer der Kommode nicht mehr finden können, verlangt Bieder das Geld für die Kommode heraus.

Welche Ansprüche erwachsen dem Bieder aus Bereicherungsrecht?

(b) Lösungsskizze

Anspruch aus Eingriffskondiktion gem. § 812 Abs. I Satz 1, 2. Alt BGB

Es besteht ein Kondiktionsanspruch gegen Hunter aus Eingriffskondiktion gem. § 812 Abs. I S. 1, 2. Alt. BGB, da Hunter durch den Diebstahl Besitz an der Kommode erlangt hat. Dieser kann wegen des Weiterverkaufes aber nicht mehr herausgegeben werden.

Der Erlös aus dem Verkauf gehört nicht zu den Surrogaten des § 818 Abs. I BGB, so daß gem. § 812 Abs. I S. 1, 2. Alt. i. V. m. § 818 Abs. I BGB der Kaufpreis nicht herauszugeben ist.

Demnach hat Hunter gem. § 812 Abs. I S. 1, 2. Alt. i. V. m. § 818 Abs. II BGB nur den Wert der Kommode zu ersetzen = 20 000 DM.

Anspruch aus Eingriffskondiktion gem. § 816 Abs. I Satz 1 BGB

Bieder, könnte jedoch zudem einen Anspruch aus § 816 Abs. I Satz 1 BGB haben, wonach Hunter auch den erlangten Kaufpreis in Höhe von 25 000 DM herauszugeben hätte.

Aufgrund der Übertragung des Eigentums von Hunter auf den Käufer liegt eine Verfügung vor. Da Hunter keine Verfügungsberechtigung besaß, handelte er auch als Nichtberechtigter. Fraglich ist jedoch, ob die Verfügung W gegenüber dem Berechtigten wirksam war, den ein gutgläubiger Erwerb des Käufers von Hunter scheitert gem. § 935 Abs. I Satz 1 BGB.

Aber (Trick !): Bieder könnte der Veräußerung nachträglich Wirksamkeit verschafft haben durch eine Genehmigung gem. § 185 Abs. II BGB. Hier erfolgt die Genehmigung konkludent durch das Verlangen nach der Herausgabe des Verkaufserlöses.

Die Verfügung war auch entgeltlich, da ein Kaufpreis gezahlt wurde.

Folglich kann Bieder von Hunter gem. § 816 Abs. I Satz 1 BGB die Herausgabe des gesamten Kaufpreises verlangen. Das dieser höher liegt als der Wert der Kommode, ist ohne Belang, da das Bereicherungsrecht die Abschöpfung der gesamten ungerechtfertigten Bereicherung über § 816 Abs. I S. 1 BGB eröffnet.

d) Die Beschränkung der Herausgabepflicht auf die Bereicherung gem. § 818 Abs. III BGB

1.) Allgemeine Entreicherungsgrundsätze

Zum Verständnis des § 818 Abs. III BGB muß man sich ins Gedächtnis rufen, daß die Ansprüche des Bereicherungsrechtes nur dazu dienen sollen, einen unberechtigt erlangten Vermögensvorteil wieder rückgängig machen zu können. Es geht nicht um Schadensersatzleistungen!

Deshalb muß gelten, daß dann, wenn die Bereicherung weder in Form des Bereicherungsgegenstandes selbst, noch in Form eines Ersatzes für diesen Gegenstand vorhanden ist, auch nichts mehr herauszugeben ist; es liegt nichts „Erlangtes" mehr vor.

In solchen Fällen spricht man von "Wegfall der Bereicherung" bzw. "Entreicherung".

Wegfall der Bereicherung bzw. Entreicherung tritt insbesondere ein, wenn das ursprünglich Erlangte untergegangen ist, oder verbraucht, oder verschenkt wurde, ohne daß ein Ersatz dafür geleistet wurde.

2.) Die Berücksichtigung ersparter Aufwendungen

Es ist jedoch bei einem ersatzlosen Untergang oder Fehlen des ursprünglich Erlangten (= Entreicherung) stets zu prüfen, ob der Bereicherungsschuldner nicht zumindest Aufwendungen erspart hat!

Es ist demnach zu fragen, ob der Bereicherungsschuldner nicht doch irgendwelche wirtschaftlichen Vorteile behalten hat, beispielsweise bei Schuldentilgung mit rechtsgrundlos erlangtem Geld, Verbrauch von gestohlenen Lebensmitteln, Benutzung einer Wohnung ohne gültigen Mietvertrag.

Die in diesen Fällen vom Bereicherungsschuldner <u>ersparten Aufwendungen</u> können herausverlangt werden, auch wenn der Bereicherungsgegenstand selbst nicht mehr vorhanden ist!

Beispiel:

Jonny Joint ist von Kalle zu einer WM-Fußballübertragung im Fernsehen eingeladen. Aus Ärger über den Spielverlust schmeißt Jonny eine Bierflasche in den Fernseher, der 1500 DM wert war. Da Kalle Schadensersatz verlangt, Jonny finanziell aber gerade einen Engpaß hat, stiehlt er bei seiner Freundin Susi 1500 DM und gibt sie dem Kalle.

Hier erspart sich Jonny die Aufwendungen für den Schadensersatz des Kalle. Um diesen Schadensersatz ist Jonny noch bereichert, auch wenn der Bereicherungsgegenstand (die 1500 DM) nicht mehr bei Jonny vorhanden ist. Susi kann daher den Wert des Schadensersatzes von Jonny im Wege der Eingriffskondiktion gem. § 816 Abs. I Satz 1 BGB (bei Gutgläubigkeit des Kalle, da dann die Verfügung über das Geld wirksam ist gem. § 929 S. 1 i. V. m § 932 i. V. m. § 935 Satz 2 BGB) bzw. gem. § 812 Abs. I S. 1, 2. Alt BGB (bei Bösgläubigkeit des Kalle) herausverlangen.

3.) Ausnahme: Luxusaufwendungen

Um keine ersparten Aufwendungen handelt es sich bei sogenannten „Luxusaufwendungen". Dies sind Aufwendungen, die der Bereicherungsschuldner unter normalen Umständen nicht unternommen hätte.

Beispiel: Der Obdachlose Hungrig leistet sich von rechtsgrundlos erlangtem Geld den Besuch in einem Luxusrestaurant oder macht eine Weltreise.

Wenn der Bereicherungsschuldner demnach einen Bereicherungsgegenstand dafür gebraucht, sich einen über seinen normalen Lebensstandard deutlich hinausgehenden Luxus zu gönnen, liegt trotzdem Entreicherung i. S. d. § 818 Abs. III BGB vor; es wurden keine normalen Aufwendungen erspart!

4.) Entreicherungsgrundsätze bei Vertragsverhältnissen

Wurden Verträge geschlossen, sind hinsichtlich des Bereicherungsumfanges folgende drei wichtigen Konstellationen zu beachten:

(a) Leistungen an Dritte können nicht als Entreicherung abgezogen werden

Hat der Bereicherungsempfänger für den Erwerb des Bereicherungsgegenstandes eine Leistung (= im Regelfall den Kaufpreis) an einen DRITTEN (nicht den Bereicherungsgläubiger!) erbracht, so kann auch diese Leistung nicht als Entreicherung abgezogen werden. Deutlich wird dies an einem Klassiker der juristischen Literatur, dem **"Jungbullen-Fall"**:

Egon Schnapp stiehlt aus dem Stall von Bauer Hagen zwei Jungbullen im Wert von 5000 DM und verkauft sie genau zu diesem Verkehrswert an den gutgläubigen Wurstfabrikanten Fett. Als Hagen von Fett die Bullen herausverlangen will, liegen diese bereits in Form von Dosen im Kühlregal. Hagen verlangt Wertersatz von Fett, da Schnapp unauffindbar untergetaucht ist. Fett wendet ein, er sei aufgrund des von ihm gezahlten Kaufpreises entreichert. Kann Hagen von Fett noch etwas aus Bereicherungsrecht verlangen?

Ein Anspruch des Hagen aus Leistungskondiktion scheidet aus, da zwischen ihm und Fett keine vertraglichen Verpflichtungen bestanden, auf die „geleistet" worden sein könnte.
Denkbar bleibt eine Nichtleistungskondiktion in Form der Eingriffskondiktion gem. § 812 I 1, 2. Alt. BGB.
Aufgrund des Subsidiaritätsgrundsatzes dürfte Fett die Bullen nicht von jemand als Leistung erhalten haben. In diesem Fall wäre Hagen mit der Nichtleistungskondiktion ausgeschlossen. Fett hat die Bullen zwar im Rahmen eines Kaufvertrages mit Schnapp erhalten, allerdings setzt das Vorliegen einer Leistung voraus, daß diese Leistung tatsächlich erbracht werden konnte (vgl. oben, Begriff der Subsidiarität). Schnapp hatte sich zwar mit dem Vertrag zur Eigentumsübertragung an den Tieren verpflichtet, diese Übertragung ist aber gem. § 935 Abs. I S. 1 BGB

unmöglich. Demnach liegt keine Leistung vor! Folglich ist ein Anspruch aus Nichtleistungskondiktion gem. § 812 Abs. I S. 1, 2. Alt BGB grundsätzlich eröffnet.

Fraglich ist daher, was Fett erlangt hat. Von Schnapp konnte er nur den Besitz an den Bullen erhalten. Durch die Verarbeitung der Tiere ging allerdings das Eigentum an ihnen gem. § 950 Abs. I S. 1 BGB auf Fett über. Im Endeffekt hat Fett demnach doch das Eigentum erlangt (allerdings nicht durch eine „Leistung" des Schnapp, sondern aufgrund gesetzlichen Eigentumserwerbs).

In diesen Fällen der Erlangung des Eigentumes durch Verarbeitung stellt die Rechtsgrundverweisung des § 951 BGB klar, daß Bereicherungsrecht anzuwenden ist. (Zitiere daher bessser: § 951 i. V. m. § 812 BGB!)

Problematisch ist bezüglich des Bereicherungsumfanges, daß die Tiere aufgrund der „Verwurstung" nicht mehr herausgegeben werden können. Fett muß demnach Wertersatz gem. § 818 Abs. II BGB leisten. Der Entreicherungseinwand gem. § 818 Abs. III BGB greift nicht ein, da der Kaufpreis nicht in Abzug gebracht werden kann, weil insofern der sachenrechtlichen Wertung des § 985 BGB zu folgen ist, der die Herausgabe einer Sache vom unberechtigten Besitzer an den Eigentümer eröffnet, ohne daß der Eigentümer Ersatz für einen vom unberechtigten Besitzer geleisteten Kaufpreis nehmen müßte.

Es ist daher zu merken:

Der Bereicherte kann gegenüber den Herausgabeansprüchen der §§ 812, 816 BGB nicht abziehen, was er als Gegenleistung für den Erwerb des Bereicherungsgegenstandes an Dritte geleistet hat!

(b) Einem Bereicherungsgläubiger, dem die Herausgabe des Bereicherungsgegenstandes aus der Rückabwicklung eines unwirksamen Vertragsverhältnisses geschuldet wird, kann keine Entreicherung entgegengehalten werden.

Die Berufung auf Entreicherung ist ebenfalls ausgeschlossen, wenn bei der Rückabwicklung unwirksamer Vertragsverhältnisse nur noch eine Partei bereichert ist = sogenannte **Saldo-Theorie.**

Beispiel:

Radfahrer Diddi kauft bei Fahrradhändler Pfeffer ein Rennrad für 5000 DM. Bei der ersten Ausfahrt verunglückt Diddi, als er zu schnell einen Berg hinuntersaust. Das Rad hat anschließend nur noch Schrottwert. Dann stellt sich heraus, daß der Kaufvertrag nichtig war. Ist Diddi entreichert? Kann er seine 5000 DM bei Pfeffer kondizieren?

Eigentlich ist bei Diddi der Bereicherungsgegenstand nicht mehr vorhanden. Diddi hat auch keinen Ersatz erlangt, ist demnach entreichert. Andererseits erscheint es ungerecht, daß er aus der Rückabwicklung des Vertragsverhältnisses noch sein Geld aus Leistungskondiktion fordern können soll, während der Händler Pfeffer wegen Entreicherung des Diddi nichts erhält; dabei würde das vertragstypische Gegenseitigkeitsverhältnis von Leistung und Gegenleistung übergangen.

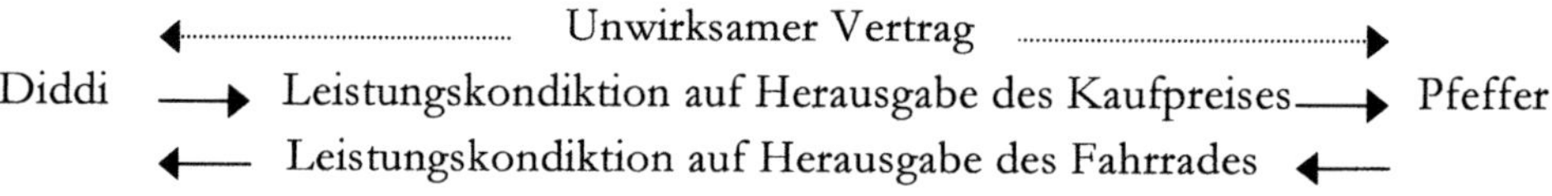

Deshalb gilt nach der sogenannten "Saldo-Theorie" folgendes:

- *War das Rad tatsächlich 5000 DM wert, verliert Diddi seinen eigenen Kondiktionsanspruch in voller Höhe.*
- *War das Rad mehr wert, bleibt es beim Verlust des Kondiktionsanspruches.*
- *War das Rad weniger wert, mindert sich der Kondiktionsanspruch des Diddi nur um die Differenz von Kaufpreis und Verkehrswert (war das Rad in Wirklichkeit nur 1000 DM wert, kann Diddi nur 4000 DM kondizieren, denn er muß sich die Gegenleistung = Rad im Wert von 1000 DM, anrechnen lassen).*

Bei der Saldo-Theorie ist ferner zu beachten: Sie wird nie bei Minderjährigen oder Geschäftsunfähigen angewendet, da diese sonst entgegen dem Zweck der §§ 104 ff. BGB doch an einer vertraglichen Verpflichtung festgehalten würden!

(c) Entreicherungseinwände hinsichtlich Aufwendungen im Vertrauen auf die Unwiderruflichkeit der Bereicherung

Soweit der Bereicherte auf die <u>Unwiderruflichkeit der Bereicherung</u> vertrauen durfte, können als Entreicherung auch Aufwendungen des Bereicherten geltend gemacht werden, die dieser gerade im Vertrauen auf den rechtlichen Bestand seiner Bereicherung gemacht hat.

Beispiel:

Opa Datter möchte nicht länger einsam sein und bei dem unerkannt geisteskranken Zoohändler Wirr eine Katze kaufen. Wirr schenkt Opa Datter die Katze. Nach einer Woche muß Datter mit einer schweren Virusinfektion für längere Zeit ins Krankenhaus und verkauft das Tier weiter an seinen Nachbarn Bastian Schmeich für 500 DM.

Zwei Wochen später wird die Krankheit des Wirr öffentlich. Dessen Vertreter genehmigen den Verkauf der Katze von Datter an Schmeich und verlangen von Datter die erlangten 500 DM.

Da die Katze aber nur Sheba fraß, mußte Opa Datter in der Woche ihres Besitzes 50 DM an Futterkosten aufwenden. Außerdem hat die Katze tiefe Löcher in das Sofa von Opa Datter gerissen, die für 250 DM repariert werden müssen. Schließlich stellt sich heraus, daß die Infektion von Datter auf ein seltenes Katzen-Kreuzfeldt-Syndrom zurückgeht und von der Katze übertragen wurde.

Was muß Datter herausgeben?

Dem Wirr steht gem. § 816 Abs. I Satz 1 BGB ein Anspruch auf Herausgabe des erlangten Kaufpreises zu.

Fraglich ist, ob Opa Datter hiervon sein Aufwendungen, die aus der Haltung der Katze entstanden sind, abziehen darf als Entreicherung i. S. d. § 818 Abs. III BGB.

Diesbezüglich gilt: Aufwendungen, die im Vertrauen auf den Bestand des Schenkungsvertrages gemacht wurden, sind abzugsfähig. Hierzu zählen jedoch allein die Fütterungskosten. Die Aufwendungen für die Sofareparatur und die Krankheit entstanden rein zufällig und nicht aufgrund des Vertrauens auf den Bestand des Schenkungsvertrages. Sie sind daher nicht abzugsfähig.

e) Fälle verschärfter Haftung gem. §§ 818 Abs. IV i. V. m. § 819 BGB

Ab Rechtshängigkeit oder Kenntnis des Mangels des rechtlichen Grundes haftet der Bereicherungsschuldner verschärft:

- Es ist keine Berufung auf ab diesem Zeitpunkt eingetretene Entreicherung i. S. d. § 818 Abs. III BGB, möglich. (Dies steht nirgends ausdrücklich, ergibt sich aber aus dem Sinn der Regelung.)

- Es tritt **Haftung nach den „allgemeinen Vorschriften"** ein. Darunter versteht man die Vorschriften des allgemeinen Teils des Schuldrechts = **§§ 291, 292 i. V. m. §§ 987 ff. BGB.** Folge: Der Bereicherungsschuldner unterliegt jetzt einer zusätzlichen Schadensersatzhaftung, wenn er schuldhaft die Beschädigung oder Zerstörung des Bereicherungsgegenstandes herbeiführt gem. § 989 BGB. Herauszugebendes Geld ist zu verzinsen gem. §§ 291, 246 BGB.

__Klausurtip:__ Diese Regelung ist besonders wichtig, da auf sie oft Querverweise im Gesetz existieren!

F) Abschließender Beispielsfall: Sogenannte „Leistungskette"

I.) Sachverhalt

Hersteller Argel verkauft und übereignet dem Händler Bar eine Betonmischmaschine im Wert von 1000 DM für 2000 DM, die dieser sofort an den Häuslebauer Chris wirksam weiterverkauft und übereignet für 4000 DM. Später erweist sich der Vertrag zwischen Argel und Bar als nichtig wg. Anfechtung aus § 119 Abs. I BGB.
Was kann Argel aufgrund ungerechtfertigter Bereicherung von Bar und Chris verlangen?

II.) Lösungsskizze

Anspruch des Argel gem. § 812 Abs. I S. 1, 1. Alt. BGB aus Leistungskondiktion gegen Bar

Argel kommt zwar ein Anspruch aus Leistungskondiktion gegen Bar zu, dieser ist zwischenzeitlich aber nicht mehr Besitzer oder gar Eigentümer der Maschine, da er sie an Chris weiterveräußert hat. Der Umfang der verbliebenen Bereicherung bestimmt sich gem. § 818 BGB.

Gem. § 818 Abs. I BGB sind die Surrogate herauszugeben. Dazu zählt allerdings weder der erhaltene Kaufpreis, noch die Forderung aus dem Weiterverkauf. Bar muß folglich weder die Kaufpreisforderung gegen Chris an Argel abtreten, noch den Kaufpreis selbst herausgeben, wenn dieser bereits bezahlt ist.

Ist die Herausgabe des Bereicherungsgegenstandes in Natur unmöglich, ist Wertersatz gem. § 818 Abs. II BGB zu leisten. Dieser entspricht dem Verkehrswert der Mischmaschine (= 1000 DM).

Anspruch des Argel gem. § 816 Abs. I S. 1 BGB aus Nichtleistungskondiktion gegen Bar

Es liegt zwar eine Verfügung über den Bereicherungsgegenstand (= Maschine) vor, allerdings erfolgte diese Verfügung durch einen Berechtigten; denn auch wenn der Kaufvertrag mit Bar nichtig war, ist Bar dennoch wirksam Eigentümer an der Mischmaschine geworden. Demnach scheidet ein Anspruch aus § 816 Abs. I Satz 1 aus.

Anspruch des Argel gem. § 812 Abs. I S. 1, 1. Alt. BGB aus Leistungskondiktion gegen Chris

Geleistet hat Argel zur Erfüllung seines Vertrages mit Bar. Deshalb liegt auch nur zwischen diesen beiden eine Leistung vor. Gegen Chris scheidet eine Leistungskondiktion daher aus!

Anspruch des Argel gem. § 812 Abs. I Satz 1, 2. Alt. BGB aus Eingriffskondiktion gegen Chris

Eine Eingriffskondiktion scheidet schon deshalb aus, weil die Bereicherung jeweils im Wege einer Vertragserfüllung erfolgte. Daher liegen nur Leistungen vor. Die Herausgabe von Leistungen kann aber, aufgrund des im Bereicherungsrecht geltenden Subsidiaritätsprinzips, nur im Wege der Leistungskondiktion gefordert werden.

§ 4 Die Geschäftsführung ohne Auftrag, §§ 677 ff. BGB

A) Die Bedeutung der Geschäftsführung ohne Auftrag (= GoA)

Die Ansprüche aus GoA spielen als Anspruchsgrundlage vor Gericht kaum eine Rolle. Insbesondere wird in der wirtschaftlichen Praxis kein Betrieb ohne Auftrag tätig werden. Gleichwohl tauchen im Gesetz verschiedentlich Querverweise in die Regelungen der GoA auf, so daß zumindest die Grundbedeutung dieses Rechtsinstitutes bekannt sein muß.

B) Die Unterscheidung zwischen Berechtigter und Unberechtigter GoA

Grundsätzlich geht es bei der GoA darum, daß eine Person (= Geschäftsführer) mit Fremdgeschäftsführungswillen für einen anderen (= Geschäftsherr) ein Geschäft besorgt, ohne vom Geschäftsherrn beauftragt zu sein.

Beispiel:
Geschichtsprofessor Cajetan von Aretin ist im Winter zu historischen Forschungen am Chiemsee unterwegs. Da der See vollständig zugefroren ist, kann Aretin die Insel Herrenchiemsee nur zu Fuß über das Eis erreichen. Unterwegs beobachtet er, wie der alte Bauer Bazi im Eis einbricht und ohnmächtig im Wasser treibt. Der Professor rettet dem Mann das Leben; dabei zerreißt allerdings sein eigener Mantel und die neuen Lederschuhe werden ruiniert.
Von Aretin hat demnach ein Geschäft für einen anderen besorgt mit dem Willen dieses Geschäft für den anderen zu besorgen, ohne allerdings einen Auftrag hierfür erhalten zu haben.

Weiteres Beispiel: Bezahlung fremder Schulden!

I.) Die Berechtigte GoA

Berechtigt ist die GoA, wenn die Übernahme des Geschäftes entweder

- dem Interesse und dem wirklichen oder mutmaßlichen Willen des Geschäftsherrn entspricht (= § 683 Satz 1 BGB), oder
- dem Interesse und dem Willen des Geschäftsherrn zwar widerspricht, dieser
  aber die Geschäftsbesorgung genehmigt (= § 684 Satz 2 BGB).

Rechtsfolge: Im Falle der berechtigten GoA kann der Geschäftsführer den Ersatz
seiner Aufwendungen verlangen.

II.) Die Unberechtigte GoA

Unberechtigt ist die GoA, wenn die oben angeführten Berechtigungsgründe nicht
vorliegen.

C) Die wichtigsten Vorschriften der GoA

I.) Der Anspruch des Geschäftsführers auf Aufwendungsersatz gem. §§ 677, 683 Satz 1 i. V. m. § 670 BGB

a) Übersicht

Die Tatbestandsvoraussetzungen für den Aufwendungsersatzanspruch des Geschäftsführers aus §§ 677, 683 Satz 1 i. V. m. § 670 BGB sind folgende:

1.) Tatbestandsvoraussetzungen des § 677 BGB

- **Besorgung eines fremden Geschäftes**
- **mit Fremdgeschäftsführungswillen**
- **ohne Beauftragung oder Berechtigung.**

2.) Tatbestandsvoraussetzungen des § 683 Satz 1 BGB

- Die Übernahme des Geschäftes muß dem **Interesse des Geschäftsherrn**
- **und** seinem **wirklichen oder mutmaßlichen Willen** entsprechen.
- Liegt die Geschäftsbesorgung nicht im Interesse und dem Willen des Geschäftsherrn genügt gem. § 684 S. 2 BGB dessen Genehmigung.

Rechtsfolge: Aufwendungsersatzanspruch „wie eine Beauftragter" (= § 670 BGB)

(Unter Aufwendungen versteht man die freiwillige Aufopferung von Vermögenswerten im Interesse eines anderen.)

b) Die Tatbestandsmerkmale im einzelnen

1.) Die Besorgung eines fremden Geschäftes

(a) Der Inhalt einer Geschäftsbesorgung

Die <u>Geschäftsbesorgung</u> kann sowohl in einem rechtsgeschäftlichen wie auch in einem tatsächlichen Handeln bestehen.

(b) Der Begriff des fremden Geschäfts

(1.) Die objektiv fremden Geschäfte

Ein fremdes Geschäft liegt vor bei den <u>objektiv</u> fremden Geschäften:

Ein Geschäft ist <u>objektiv fremd</u>,

- entweder wenn es vollständig einem fremden Interessenkreis zuzuordnen ist (Rettung des Lebens anderer: Die Erfüllung der allg. Hilfspflicht aus § 323 c StGB läßt die Rettung dennoch ein fremdes Geschäft bleiben; Zahlung fremder Schulden),
- oder wenn es zumindest teilweise der Wahrung fremder Interessen dient (Entschärfung einer Bombe auf der Straße vor dem eigenen Haus).

Ein objektiv fremdes Geschäft liegt folglich vor, wenn es erkennbar <u>nicht ausschließlich</u> den Interessen des Geschäftsführers dient.

(2.) Die neutralen Geschäfte

Alle Geschäfte, die nicht erkennbar einem fremden Interesse dienen, sind sogenannte <u>neutrale Geschäfte</u>, wie beispielsweise der Kauf einer Sache. Diese neutralen Geschäfte können aber ebenfalls zu fremden Geschäften werden, wenn der <u>Fremdgeschäftsführungswille des Geschäftsführers</u> hinzutritt.
Nimmt der Geschäftsführer demnach mit Wissen und Wollen ein nach außen neutral wirkendes Geschäft für einen anderen vor, existiert ebenfalls ein „fremdes Geschäft".

Beispiel:

Oma Herta wohnt mit Oma Blaß in einer WG. Oma Blaß ist Herzpatientin, der stets spezielle homöopathische Stärkungstropfen helfen, die nicht verschreibungspflichtig sind. Als sie eines

Tages den Kauf dieser Medizin vergessen hat, lehnt sie unansprechbar in ihrem Schaukelstuhl. Oma Herta ahnt, daß die Tropfen fehlen und kauft in der nahen Apotheke die Medikamente. Nach der Einnahme geht es Blaß wieder glänzend.

Hier ist der Kauf der Tabletten an sich betrachtet ein neutrales Geschäft, denn die Tropfen dienen aus der Sicht eines uninformierten Beobachters nicht erkennbar nur dem Interesse von Oma Blaß, sondern könnten genauso von Oma Herta selbst benötitgt werden. Herta kauft die Tropfen allerdings mit dem Willen, sie der Blaß zu geben. Durch diesen Fremdgeschäftsführungswillen wird das neutrale Geschäft zum fremden Geschäft.

Ebenso liegt der Fall, wenn jemand für einen Sammler ein von diesem schon immer gesuchtes Stück erwirbt.

2.) Der Fremdgeschäftsführungswille

Der Fremdgeschäftsführungswille wird bei objektiv fremden Geschäften bereits vermutet und bedarf keiner gesonderten Feststellung.

Klausurtip: *Schreibe bei objektiv fremden Geschäften: „Das objektiv fremde Geschäft indiziert den Fremdgeschäftsführungswillen"!*

Bei neutralen Geschäften muß der Fremdgeschäftsführungswille hinzutreten. Er muß sich aus Beweisgründen an äußeren Indizien feststellen lassen.
Im Fall von Oma Herta ist der Fremdgeschäftsführungswille daran erkennbar, daß Oma Herta genau die Tropfen kauft, die sonst nur Oma Blaß einnimmt.

3.) Fehlende Verpflichtung oder Berechtigung zur Geschäftsbesorgung

Es darf kein Rechtsverhältnis bestehen, in dem die Geschäftsbesorgung bereits geregelt ist.

4.) Das Interesse des Geschäftsherrn

Die Geschäftsbesorgung liegt immer dann im Interesse des Geschäftsherrn, wenn sie ihm nützlich ist.

5.) Anwendung auf den Professor-von-Aretin-Fall

Der Professor nahm ein objekitv fremdes Geschäft wahr, denn die Rettung eines fremden Lebens zählt nicht zu seinen Interessen.
Das objektiv fremde Geschäft indiziert den Fremdgeschäftsführungswillen.
Es besteht kein Rechtsverhältnis zwischen den Beteiligten, das die Rettung zum Inhalt hätte.
Die Rettung ist nützlich für Bazi und erfolgte daher in seinem Interesse
Zumindest der mutmaßliche Wille gerettet zu werden, ist objektiv anzunehmen.
Folglich hat der Professor einen Anspruch auf Ersatz seiner erlittenen Schäden, da sie im Interesse eines Dritten eintraten, also Aufwendungen sind.

II.) Die vermeintliche GoA, § 687 Abs. I BGB

Führt der Geschäftsführer ein objektiv fremdes Geschäft irrtümlich in der Meinung, es sei sein eigenes Geschäft, greifen die GoA-Regeln gem. § 687 Abs. I BGB nicht ein!
Hier helfen nur die die Regelungen aus §§ 812, 823, 985 ff. BGB weiter.
Beispiel: Verkauf einer fremden Sache im Glauben es sei die eigene, Rettung fremder Kinder im Glauben es seien die eigenen.

III.) Die unechte GoA, § 687 Abs. II BGB

Führt jemand ein objektiv fremdes Geschäft bewußt im eigenen Interesse durch, entstehen gegen ihn neben den Ansprüchen aus §§ 812, 823, 985 ff. BGB auch Ansprüche aus GoA, insbesondere:

- Anspruch aus § 687 Abs. II i. V. m. § 678 BGB auf Ersatz des durch Übernahme und Durchführung der unberechtigten GoA verursachten Schadens.

- **Anspruch aus § 687 Abs. II i. V. m. § 681 S. 2 i. V. m. § 667 BGB auf Herausgabe des durch die Geschäftsbesorgung Erlangten.**

Im Gegenzug erhält der Geschäftsführer einen Anspruch aus § 687 Abs. II Satz 2 i. V. m. § 684 Satz 1 i. V. m. §§ 812 ff. BGB, aber nur, wenn der Geschäftherr seinen Anspruch aus § 687 Abs. II BGB <u>tatsächlich geltend macht.</u>
Dieser Gegenanspruch des unechten Geschäftsführers geht allerdings nicht auf die Herausgabe der Vorteile, die die Geschäftsführung dem Geschäftsherrn gebracht hat (ansonsten würde die Regelung die Ansprüche des Geschäftsherrn aushebeln), sondern nur auf Ersatz der ersparten Aufwendungen bis zur Höhe der vorhandenen Bereicherung!

Beispiel für die unechte GoA:
Ein Dieb verkauft seine Beute: Verkauf ist immer nur die Sache des Eigentümers.

Sachregister